에미넴의 고백

척 와이너(Chuck Weiner) 엮음
최세희 옮김

나무이야기

EMINEM TALKING

by Chuck Weiner

Copyright © Omnibus Press, a division of Music Sales Limited, London, 2003

All rights reserved

Korean Translation Copyright © 2004 R Pub.

Korean edition is published by arrangement with Omnibus Press, a division of

Music Sales Ltd. through Corea Literary Agency, Seoul

서문

　에미넴Eminem. 마샬 매더스Marshall Mathers. 슬림 셰이디Slim Shady. 지금 내 눈앞에 보이는 이것은 무엇일까? 일종의 정체성의 혼란일까? 아니다. 최후의 주자로 보기에도 늦게 도착한 사람이지만 여전히 영향력을 행사하고 있는 21세기 최초의 랩 슈퍼스타다.
　자신의 랩 태그로rap tag(그라피티에서 힙하퍼들이 자신을 드러내기 위해 택하는 서명 : 역자) '초콜릿 스위트' 라는 말을 택한 이 사내의 삶은 결코 순탄하지 않았다.
　그는 1974년 10월 17일 마샬 매더스 3세로 태어나 디트로이트 빈민가에서 십대 미혼모인 데비Debbie의 슬하에서 자라났다. 그는 단 한 번도 그의 친부를 만나지 못했다. 끝도 없이 이사를 다니며 생활보호 대상자로 살아야 했던 그의 삶은 피크닉과는 거리가 멀었다. 그는 십대 삼촌 로니Ronnie가 소개해준 랩과 힙합에서 도피처를 찾았다.
　학교에서도 역시 끝없는 시련의 연속이었다. 열다섯 살 때 시달린 수많은 폭력은 목숨을 앗아갈 뻔했다. 한번은 뇌출혈로 9일 동안 코마 상태에 빠지기도 했다. 그로서는 9학년 때 세 번 낙제한 후 관제 교육제도에서 일탈해버린 게 어찌 보면 당연한지도 모른다.

친모와의 관계는 지독히 안 좋았고, 삼촌 로니는 자살해버렸고, 그의 여자친구는 임신했다. 이보다 더 상황이 나빠질 수는 없었다. (다행히 1996년 크리스마스 때는 딸 헤일리 제이드Hailie Jade가 태어나 그의 인생 중 최고로 행복한 날이었다.)

그는 MC의 음악에 몰입하는 것으로 자신의 불행에 대응했지만, 흑인이 절대적으로 많은 그 음악 씬scene의 커다란 반대 세력에 맞서야 했다. 그런데도 그는 굽히지 않았고, 디트로이트에 있는 레코드 레이블을 통해 지금도 유례를 찾아보기 힘들 정도로 훌륭한 데뷔 앨범 [Infinite]를 발표했다. 1997년에는 랩 올림픽Rap Olympics에 출전했고, (모두의 말에 따르면) 상대편의 부정행위로 우승을 하진 못했지만 전 NWA의 멤버 닥터 드레Dr Dre와 인연을 맺었다. 그 만남의 결과 스튜디오 타임으로 2주 만에 [The Slim Shady LP]가 만들어졌는데, 이는 그의 인생뿐만 아니라 랩 음악의 지형까지 바꾸게 된다.

그러나 그의 얼터 에고alter ego인 셰이디의 목소리로 전달되는 거침없는 스타일 때문에 순식간에 수많은 적들이 생겨났다. 게이에 대한 반감은 대공포를 방불케 하는 비판을 낳았고, 히트 싱글 'My Name Is'에서 급소를 공격하듯 자신의 모친에 대해 언급한 것 때문에 수백만 달러에 달하는 명예훼손 소송 소동이 벌어졌다. 그의 아내 킴Kim 과의 끝나지 않는 실랑이도 '97 Bonnie and Clyde'에서 그 전모를 드러냈다(이 일은 2000년 여름에 소송으로 이어졌다).

그러나 오름세도 있었다. [The Slim Shady LP]가 1999년 그래미상에서 '베스트 랩 앨범'을 수상했고, 여성 래퍼로서 최고의 존경을 받고 있는 미시 엘리엇Missy Elliott이 에미넴을 자신의 앨범 게스트로 초빙했다. 그를 래퍼로서 인정하고 있다는 확실한 증거였다.

2000년에 그는 두 번째 앨범〔The Marshall Mathers LP〕를 발표했다. 이 앨범은 순식간에 북미 음악 차트 1위를 석권했다. 불법으로 무기를 소지했다는 혐의로 구속된 것이 문제가 되어 브리티시 페스티벌의 일정을 마치진 못했지만, 같은 해 10월 '성격 완화Anger Management 투어'라는 이름으로 림프 비즈킷Limp Bizkit과 함께 한 미국 전역 투어에서 전회 매진을 기록함으로써 그 해 최고의 스타라는 사실을 확인시켰다.

2001년까지 그는 몇 개의 그래미상을 트로피 캐비닛이라고 할 만한 컬렉션에 추가하여 '헤일리가 자라서 볼 수 있도록' 하는 데 손색이 없을 정도가 되었다. 그리고 그 해 그래미 시상식에서 세계가 가장 사랑하는 게이 뮤지션 엘튼 존Elton John과 함께 퍼포먼스를 하는 것으로 그에 대한 비판을 일시에 종식시켰다.

2000년에 앨범〔The Eminem Show〕가 새롭게 성숙해진 면모를 보여주고, 그 후 실형 선고를 모면하게 되고, 랩 크루 디트웰브D12와 동맹을 맺게 됨으로써 그는 세상을 열 받게 하는 데 있어서 더 많은 자격을 부여받았다. 일례로 싱글 'Purple Pills(자주색 알약)'는 라디오와 MTV의 방송 금지를 막기 위해 'Purple Hills'로 바뀌었다.

에미넴은 여전히 최후에 웃는 자의 운명을 거머쥔 것 같다. 그러니 그를 비난하는 사람들에게 필요한 건 성격 완화책anger management이다.

글 순서

진정한 마샬 매더스 ... 8
슬림 셰이디는 누구인가? ... 10
발버둥이친 나날들 ... 13
인종 문제 ... 17
트레일러 파크에서 보낸 청년기 ... 27
거리의 싸움 ... 33
삶 그리고 죽음 ... 36
힙합은 멈추지 않는다 ... 39
친애해 마지않는 엄마 ... 44
불행한 가족들 ... 50
매더스 부부 ... 52
부모 되기 ... 57
브리트니 스피어스와 크리스티나 아길레라에 관하여 ... 63
역할 모델이 되긴 싫어 ... 68
친구들과 경쟁자들 ... 70
음악 ... 76
팬들 ... 113
폭력 ... 116

치료	120
나를 웃겨봐	122
미디어	125
명예와 부	130
영향	139
무대에서 : 관객들과의 만남	144
섹스, 약물, 랩앤롤	148
외부에서 본 에미넴	154
랩의 복수	166
검열과 취향	169
방약무인	174
누가 Faggot이라고?	180
세계를 돌며	183
후회는 없다?	186
디트로이트의 열혈지우	191
평범한 보통 사나이	195
드레와 나	198
미래	202

진정한 마샬 매더스
The Real Marshall Mathers

　난 진짜 쿨할 때도 있지만, 정말 병신 같을 때도 있다. 모두가 다 그럴 거라고 생각한다.

　사람들이 겉만 보는 게 아니라 좀더 깊이 들여다본다면 (그들은 나에게서) 괜찮은 놈 하나를 발견하게 될 것이다. 난 궁지에 몰렸을 때만 복수를 한다.

　그 어떤 것 이전에 나는 마샬 매더스다. 자신이 믿는 것을 밀고 나가는 보통 놈이란 말이다. 나는 내 가족과 친구들을 진실하게 대하며, 내가 납득하는 범위 안에서 그들과 세상 모두를 존중한다.

　마샬 매더스는 보통 사람이고, 에미넴은 멋진 놈이고, 슬림 셰이디는 완전히 맛이 간 미친 새끼다. 그 중에서 친구로 삼고 싶은 작자는 마샬이다. 그 중에서 가장 존경하는 작자는 슬림 셰이디다. 둘이 싸우면 누가 이길까? 슬림 셰이디. 누가 가장 머리가 잘 돌아갈까? 에미넴. 누가 패배자일까? 마샬. 누가 승자일까? 슬림 셰이디.

스테이지를 떠나면 슬림 셰이디와 에미넴을 이야기하던 내 머리 속의 조명을 끄고 싶다. 그 딴 것들은 다 불을 끄고 다시 마샬 매더스로 돌아가고 싶을 뿐이다.

슬램 셰이디는 누구인가?
Who Is Slim Shady?

이것저것 궁리하던 중이었다. 하나님께 맹세하건대, 그러던 중에 머리 속에서 갑자기 끝내주는 이름 하나가 튀어나왔다. 그래서 나는 그 이름과 라임rhyme이 맞을 만한 것들을 2,000만 가지 정도 생각해내기 시작했다.

슬림 셰이디는 내 머리 속에 들어온 사악한 생각들이다. 절대 생각해서는 안 되는 그런 것들. 사람들은 내가 진지할 때와 그냥 건들거릴 때를 구분할 줄 알아야 한다(속여먹겠다는 뜻으로 이런 말을 하는 건 아니다). 그 때문에 대부분의 내 노래들이 웃기는 거다. 내 생각에도 내겐 비틀린 유머 감각이 있는 것 같다.

나는 서로 다른 두 명, 즉 내 안에 있는 두 개의 다른 부분을 하나씩 가진 사람으로 슬림 셰이디의 전체 개념을 잡았다. 한 놈은 멋대로 하라고 내버려뒀는데, 거울을 바라보다가 박살을 내버렸다. 그것이 〔Slim Shady EP〕 인트로intro의 전체 내용이기도 하다. 슬림 셰이디가 내 주변을 맴돌았고, 그 놈이 또 에미넴 주변을 맴돌았다.

슬림 셰이디는 나의 다른 면이긴 하지만 하나의 캐릭터는 아니다. 캐릭터라고 말한다면 그 놈은 바로 나에게서 빠져나가 다른 사람이 되어버릴 것이다. 그렇게 되면 내가 누군가를 죽여도 해명할 거리가 생길 테고, 진짜 환자가 되어버릴 것이다.

난 더티 더즌Dirty Dozen의 일원이기도 하다. 23년 전에 오줌을 싸던 도중에 갑자기 (더티 더즌에 대한 아이디어가) 떠올랐다. 더티 더즌의 일원이 되려면 '별칭'을 가져야 한다. 난 에미넴이지만 더티 더즌에서는 슬림 셰이디다. 오줌을 싸면서 그 생각을 하자마자 나는 지퍼 올리는 것도 잊어버린 채 곧바로 뛰어나가 모두에게 이야기했다.

내가 슬림 셰이디라는 이름을 전면적으로 쓰기 시작하면서 내 인생에서 잘못된 것들을 다른 사람들 탓으로 돌릴 구실이 생겼다.

슬림 셰이디는 나의 또 다른 면이다. 어둡고 사악하고 창조적으로 환장한 그런 면….

발버둥이친 나날들
The Struggling Years

    나에게 어린 딸이 있는데, 그 애를 먹여 살릴 능력이 없다는 걸 인식하는 건 고통스러웠다. '딸아이 기저귀 살 돈도 없는' 신세였다. 글자 그대로 땡전 한 푼 없었다. 스물세 살이란 나이가 '정신 차릴 때'로 다가왔다. '이젠 뭔가 해야 해'라는 생각이 들었다. 그 후 디트로이트에 있는 랩 배틀battle은 하나도 빼놓지 않고 참가하기 시작했다. '하지 않으면 죽는다'라고 생각한 때였다.

    셸터Shelter(디트로이트의 MC 클럽)에서 처음 마이크를 쥔 순간 나는 야유를 받았다. 단 세 마디 했을 뿐인데, 마이크가 내 손으로 넘어온 순간부터 이미 난 야유를 받고 있었다. '완전 개판 아냐?' 하는 생각이 들었다. 또 '뭔 일 터지는 거 아냐? 빌어먹을, 도대체 어떻게 된 거야? 내가 해낼 수 있긴 한 걸까?' 하는 생각에 겁이 나기 시작했다.

옛날에 '리듬 키친Rhythm Kitchen' 이란 곳에 갔던 기억이 난다. 그때 난 열여섯인가 열일곱 살이었다. 처음으로 마이크를 잡았는데, 내가 무슨 말을 꺼내기도 전에 사람들이 야유를 퍼부었다. 랩을 시작하자 야유하는 소리가 점점 더 커져서 결국 마이크를 내려놓아야 했다. '힙합 숍Hip-Hop Shop'이란 곳에서는 매주 토요일에 MC들이 출현해 라임을 한다. 나를 최초로 존중한 곳이 바로 힙합 숍이다. 그곳에서 처음으로 마이크를 잡았을 때, 내가 한마디 내뱉자 처음엔 잠잠하더니 갑자기 환호와 박수갈채가 터져나왔고, 갈수록 더욱 그 소리가 커졌다. 그래서 난 매주 토요일마다 그곳에 갔다. 그곳에선 두 달에 한 번씩 랩 배틀이 열렸는데, 나는 계속해서 승리했다.

그 해 여름 내내 난 일절 밥벌이를 하지 않았다. 그러다 집에서 쫓겨났다. 일을 해야 했다. 그래서 난방도 수도도 전기도 다 끊긴 마룻바닥에서 자고 일어나 LA로 갔다. 너무나 화가 났다. 돌아버릴 정도로.

랩 올림픽에서는 모든 참가자들이 자기 이름을 쓴 쪽지를 모자 하나에 넣는다. 그런 다음 임의로 뽑힌 두 장의 쪽지에 적힌 사람이 나와 즉흥적으로 배틀을 벌인다. 승자를 결정하는 건 관객인데, 누가 최고로 인기 있는지 불분명할 경우엔 심판 패널들이 결정하게 된다. 난 절대로 지지 않겠다는 마음으로 출전했다. 승자에게 주는 상금이 정말 절실하게 필요했다. 일자리가 있었지만 랩 연습 때문에 시간제로 하고 있었다. 배틀이 끝난 후 어디서 굴러먹다 왔는지 전혀 알 수 없는 한 남자가 "데모 테이프 있어?" 하고 물었다. 난 너무나 열 받

은 상태라 "그래, 여기 있다" 하고 던져주었다. 그가 그걸 지미 러빈 Jimmy Lovine에게, 러빈이 그걸 닥터 드레에게 줄 거라고는 꿈에도 생각 못했다.

랩 올림픽에 온 관중들 중 흑인 남자 하나가 내 옆에 앉아 있었다. 첫 라운드가 끝난 후 그가 소리쳤다. "백인 꼬마에게 줘! 다 끝났어! 마이크를 백인 꼬마에게 줘!"

— 폴 로젠버그 Paul Rosenberg (매니저)

디트로이트에 '웹 엔터테인먼트'라는 소규모 제작사가 있었다. 나는 열다섯 살 때 디트로이트 방송국에서 랩을 했다. 그 당시로서는 제법 큰 규모였다. 난 매일 금요일 밤 그곳에서 마이크를 붙잡고 랩을 했다. 그런데 웹 엔터테인먼트 프로덕션 사람들이 라디오나 다른 경로로 내 랩을 들은 모양이었다. 나는 그들을 만나 일을 시작하게 되었고, 그 후로 줄곧 함께 일하고 있다.

내 나이 열여섯부터 우린 함께 일을 해왔지만 스물하나가 될 때까지도 아무런 이득을 얻지 못했다.

그 당시 나에겐 아무것도 없었다. 내가 처박힌 상황에서 몸을 빼기 위해 도둑질을 하든지 마약을 팔고 싶다는 생각까지 들었다. 그래서 나는 근사한 삶을 누리느라 개털 신세가 된다는 게 뭔지 하등 알지 못하는 모든 행복한 사람들에게 내 앨범을 바쳤다.

인종문제
A Black/White Issue

초기에 선 무대에서 난 야유를 참 많이 받았다. 하지만 개똥만큼도 상관하지 않았다. MC들과 함께 디트로이트를 전전하며 랩 경연대회에서 수상하기 시작했다. 그때 난 '날 인정하는 게 신상에 좋을 거야. 안 그러면 다른 방식으로 날 인정하게 만들 테니까'라는 식이었다. 요즘 이슈는 흑인이냐 백인이냐에 관한 것이 아니다. 재능이 있는데도 자꾸 '넌 랩을 할 수 없어'라고 말하는 사람이 있다면 엿이나 먹으라고 해! 고향 사람들에게 인정받기가 그렇게 힘들었냐고? 장난 아니었지. 내 자신을 입증하기 위해 정말 열심히 해야 했다. 보통의 흑인 래퍼들보다 훨씬 더 힘들었다. 이 게임을 시작한 이상 헛짓거리로 보이지 않으려면 더 열심히 하는 수밖에 없었다.

내가 백인이냐고? 지난번에 점검해볼 때까지만 해도 난 백인이었어. 오늘 아침에 거울을 보며 머리를 빗을 때도 이렇게 말했지. "야아! 오늘도 영락없는 백인인걸!" 난 그렇게 태어났고, 그 문제에 대해서는 이러쿵저러쿵 많은 말을 해야 한다고 생각하지 않아.

　모든 문제는 언제나 생긴 것 때문에 일어난다. 사람들은 누군가를 놀려먹어야겠다고 작정하면 생긴 걸 가지고 쓸데없이 참견한다. 다인종 학교에 가건 흑인 학교에 가건 백인 학교에 가건 당신은 아이들에게 간섭할 별별 구실을 다 만들어낸다. 철 좀 들어라. 그거야말로 당신이 할 일이다. 얘는 뚱뚱하고, 쟤는 너무 말랐고, 또 얘는 이빨이 톱니 같고, 쟤는 이마가 어마어마하게 넓고….

　사람들이 뭐라 하건 난 눈곱만큼도 상관하지 않는다. 지금의 내가 진짜 나야. 당신들은 가서 숙제들이나 하시지. 내가 나타났을 때 사람들은 내가 흑인처럼 굴려고 하지 않는다는 걸 즉시 알아차렸다. 난 내 본모습이 아닌 그 어떤 것도 되려고 하지 않았다. 난 내 인생을 반영하려고 했다. 내가 자랄 때만 해도 사람들은 다 그랬다. 나 역시 그래야 했다. "저 놈 흰둥이 아냐?"라는 말이 나한테 끝내주는 면피책이 되었다. 그러나 제대로 증명한답시고 개 같은 짓을 저지르면 저지를수록 난 '흰둥이 되기' 게임의 피해자가 되었다. 난 바보가 아니야. 사회가 어떻게 돌아가는지 알고 있지만 난 이 게임에선 피해

자였어. 그래도 난 계속해서 필요 이상으로 나 자신을 증명해왔다는 생각이 든다. 앞으로도 나 자신을 증명하는 일은 관두지 않을 것이다.

난 정말로 열심히 일해야 했고, 어느 정도는 마땅히 인정받을 만했다. 그것은 분명 사투에 가까웠지만 난 내가 승리하고 있다고 느꼈다. 난 모든 사람들의 관심을 받는 가운데 천천히 승리해가고 있었다. 당신의 피부색이 검든지 희든지 오렌지 빛이든지 나는 상관하지

않는다. 얘는 스케이트보드를 탈 수 있는 거고, 쟤는 오토바이를 탈 수 있는 거고, 또 얘는 랩을 할 수 있는 거고, 쟤는 축구를 할 수 있는 것 아닌가?

한때 '빌어먹을, 내가 흑인으로만 태어났어도 이 따위 것들을 일일

이 겪을 필요는 없었을 텐데' 하고 생각했던 적이 있다. 어린 나이에는 인종 같은 건 생각도 하지 않기 마련이고 나 역시 내 친구들이 흑인이라는 생각을 한 번도 한 적이 없었다. 내가 랩을 시작할 때까지 그런 건 단 한 번도 이슈가 된 적이 없다. 그러나 얼마 지나지 않아 수많은 녀석들이 언제나 나를 지지해주는 반면, 몇몇은 그들에게 "왜 그 따위 백인 녀석을 감싸줘야 하지?"라고 말했다는 걸 알았다.

많은 사람들이 별것도 아닌 걸 가지고 나에 관해 떠들어댄다는 걸 안다. 백인이건 흑인이건 중요하지 않다. 나처럼 느끼는 사람이 나 혼자만은 아니다. 처절하건 별로 처절하지 않건 모든 사람들은 나름대로 곤경을 겪게 되고, 그러다 '상관 안 해'라고 생각하는 경지에 이르게 된다.

가사를 존중하는 사람이라면 백인 래퍼 같은 문제는 다 건너뛸 수 있다. 난 최초도 아니었고 최후도 되지 않겠지만, 힙합 음악은 언제나 흑인들의 음악일 것이다. 모두가 힙합을 사랑하지만 모두가 힙합을 할 수 있는 건 아니다. 록큰롤을 시작한 건 흑인인데 이제 와서 흑인들에게 록큰롤을 하지 말라고 어떻게 말할 수 있겠는가? 세상은 완전히 만신창이다. 정말 환장하게 돌아버렸다. 당신이 라티노건 백인이건 흑인이건 아시아인이건 상관없다.

그 문제에 있어서 난 그런 식으로 보지 않으려고 노력한다. 매일 아침에 일어나 거울을 보며 "이런, 난 백인이군!" 하지 않는다는 말이다.

믿거나 말거나, 애들 중엔 가난한 처지가 되길 원하는 부류가 있다. 부유한 환경에서 자라나 내 음악을 들으며 "엄마 아빠, 엿 먹으라고! 내가 하고 싶은 건 이거야. 난 모자를 거꾸로 쓰고 힙합을 들으며 다니고 싶다고"라는 내용의 가사를 중얼거리는 애들 말이다.

진심으로 하는 말인데, 인종과 관련된 모든 것은 차후의 문제 같은 것이다. 난 그 따위 개소리엔 관여하지 않는다. 사람들은 나에 대해 뭐든지 이야기할 거고 날 모욕할 만한 구실을 찾아낼 것이다. 그 중 하나가 인종 문제겠지만, 나에게 그 모든 것은 다분히 부차적인 문제일 뿐이다.

나랑 잘 것도 아니면서 생긴 것 가지고 왜 그렇게 신경을 쓰는 거지?

지금 이 시점은 '뭔가 갱신할 때'라고 생각한다. 똑같은 질문을 번복하는 건 지겹다. 그런데도 〈스핀Spin〉이나 〈롤링스톤Rolling Stone〉 같은 '백인' 잡지들은 흑인 잡지들보다 더 나의 '백인적인 것'에 집착하는 것 같다.

내가 자란 곳과 내가 랩 게임에 몸을 담고 있다는 이유 때문에 나는 평생 인종 문제와 대면해야 했다. 난 지금 머리끝까지 화가 나 있다. 인종 카드를 뽑아드는 사람이 있다면 누구를 막론하고 그들의 면전에 (그 카드를) 던져줄 테다.

사람들이 "그러니까 백인 래퍼라는 건… 백인으로 성장했다는 건… 백인으로 태어난 후…"라는 식으로 이야기할 때마다 열 받는다. 허구한 날 듣는 말이니까!

초기에 내 쇼를 보러 오는 사람들은 거의 대부분 흑인들이었는데, 그들은 언제나 "백인치곤 잘하는데"라고 말해주었다. 난 그걸 칭찬이라고 받아들였다. 그러다 나이를 먹으면서 "도대체 그게 뭔 뜻이지?"라고 묻기 시작했다. 어느 누구도 이 세상에 태어나게 해달라고 빈 적이 없다. 인종을 선택할 수도 없고, 뚱뚱한 사람이 될 건지 깡마른 사람이 될 건지 선택할 수도 없다. 사람들이 인종 문제를 넘어 나를 바라보기 전부터 나는 어느 수준이 될 때까지 노력했다. 그런데 별 인간 같지도 않은 것들이 팔짱을 끼고 앉아서 '그렇다고 쳐. 그런데 어쨌다는 거야?'라는 식으로 군다. 하지만 시간이 지나면서 나는 인정받기 시작했다.

사람들이 나에 대해 말한 것 중 최고는 5년 전 디트로이트에서 마이크를 잡았을 때 한 남자가 "그가 녹색 인간이라고 해도 상관없어. 그가 주황색 인간이라고 해도 상관없어. 그 작잔 정말 끝내줘!"라고 말했던 거다. 어느 누구도 나에게 어떤 음악을 듣는지, 어떤 옷을 입는지, 어떻게 행동하는지, 어떤 식으로 말하는지에 대해 말할 자격

이 없다. 농담 따먹기를 하고 싶다면 다 집어치워. 난 이렇게 생겨먹은 놈이니까. 알겠어? 그리고 에미넴의 레코드를 듣는다면 음악이 흘러나온 지 1분도 안 돼서 그것이 결코 요행이 아니란 걸 알게 될 거다.

사람들이 날 모멸하는 이유가 어디에서 비롯된 건지 난 똑똑히 봤다. 하지만 과거에 흑백 간에 생긴 일이라면 어떤 일이라도 그에 대해 내가 할 수 있는 말은 없다. 난 그곳에 있지 않았으니까. 타고난 나의 인종성이 나를 덜된 사람으로 만든다고 생각하지는 않는다.

난 바보가 아니다. 이 사회에서 흑인이 일자리를 갖고자 할 때 필연적으로 어떻게 되는지 난 알고 있다. 그러나 음악은 보편적이어야 한다. 사람들은 자신이 듣고 싶어하는 어떤 음악도 다 들을 수 있고, 그 음악에서 뭔가를 얻을 수도 있다.

좋은 집에 살고 백인들만 다니는 학교에 다니며 모든 걸 손 하나 대지 않고 전부 얻을 수 있는 백인 애가 있다고 치자. 그런 애가 랩 테이프를 집어든다는 건 나로선 믿을 수 없는 일이다. 그런 애들은 반항하는 삶에 대한 환상에 빠져 있다. 그들은 곤경을 원한다. 세상이 만신창이라는 이유를 빼면 아무 이유 없이 사람들을 후려치고 싶어한다. 그들은 자신이 뭐에 대해 저항하고 싶어하는지도 모른다. 그런 애들은 그냥 그런 문화에 매료되었을 뿐이다.

그런 애들은 어려운 시기를 겪는 사람들에 대한 노래를 들으며 그게 어떤 기분인지 느끼고 싶어한다. 하지만 교외에 사는 흑인도 그와 똑같은 걸 느끼는데, 그 느낌은 그의 평생을 지배한다. 투팍Tupac도 그들에겐 하나의 판타지였다.

백인 애가 하나 있는데, 나만큼 온갖 시련을 겪었든지 세상의 풍파를 단 한 번도 겪지 않았든지 상관없이, 그 애가 음악을 사랑한다면 어느 누가 그 애에게 어떤 음악을 들어야만 한다고 말할 수 있겠는가? 내가 열여섯 살 백인 애라고 치고, 거울 앞에 서서 크레이지 본Krayzie Bone이라도 된 것처럼 매일매일 립싱크를 하는데, 어느 누가 내 인종 때문에 그런 짓은 하지 말아야 한다고 말할 수 있겠냐고? 만약 내가 얼마든지 그의 앨범을 살 권리가 있어서 그를 부자로 만들 수 있다면, 어느 누가 내게 랩을 할 수 있는 자격이 없다고 말할 수 있단 말인가?

때로는 랩 음악이 인종차별주의를 막을 수 있는 열쇠라는 생각이 든다. 최소한 인종주의 문제에 관해 교훈을 줄 수 있는 게 있다면 그건 랩이 될 것이다. 동네를 걸어가다가 길가에 아시아인 한 명이 앉아 있고 그 건너편

집 앞에 흑인과 백인이 나와 앉아 있고 또 멕시코인 한 명이 그 앞을 지나가는 광경을 볼 수 있는 날이 온다면 참 기분이 좋을 것 같다. 우리가 진정으로 다문화적일 수 있다면 인종주의는 어느 누구도 신경 쓰지 않는 문제로 지나칠 수 있을 텐데. 하지만 나나 당신이나 우리 세대에서 그런 광경을 볼 수 있을 것 같지는 않다.

내 인생과 내 성장 과정은 끝도 없이 대중에게 공개되고 있다. 사람들은 내가 어떻게 자라났는지 속속들이 알고 있다. 나는 흑인 음악을 하고 있다. 내가 아무리 거물이 된다 해도 그 점에 관해선 빠져나갈 구멍이 전혀 없다. 그것이 내 배경이고 내 업이므로 난 그걸 부인하지 않는다. 그래서 (흑인)이란 말은 내가 선택해 쓰는 말이 아니다.

트레일러 파크에서 보낸 청년기
Trailer Park Youth

나는 8마일 구역과 7마일 구역 사이에 있는 동쪽 마을, 즉 그로스벡Groesbeck이 후버Hoover로 이어지는 마을에서 컸다. 그 동네엔 '타이쿠스 바Tycoon's bar'가 있었고 구석에 A&L 프라이스Price가 있었다. 드레스덴Dresden이란 이름의 거리, 그곳이 내가 자라난 곳이다. 수많은 사람들이 내 고향에 대해 이것저것 묻는다. 가족들이 여전히 그 동네에 사냐고? 천만에. 내 진짜 가족이라고 할 수 있는 사람은 엄마와 동생 정도다. 내 아이 엄마와 내 딸도. 엄마는 지금 캔자스 시에 살고 있다. 친척들도 캔자스 시에 살고 있다. 어렸을 때 우리 가족은 여기저기 끝도 없이 이사를 다녔다.

엄마가 한 번도 돈벌이를 한 적이 없기 때문에 우리는 계속해서 이사를 다녀야 했다. 셋집에서도 매번 쫓겨났다. 한 집에서 가장 오래 산 것이 6개월이었다.

난 한 번도 록큰롤에 빠진 적이 없다고. 알겠어? 단 한 번도. '딱 한 곡만'이라고 해도 말할 수 있는 게 없어. 그러나 엄마는 록큰롤을 들었다. 지미 헨드릭스Jimi Hendrix나 그 비슷한 나부랭이들 말이다. 엄마는 1960년대에 자라난 일종의 '플라워 차일드'였다. 약간 히피적이었다고 할 수 있다.

엄마가 빙고를 하러 집을 나서자마자 난 스테레오가 터져라 볼륨을 높이곤 했다.

우리가 살았던 집 가운데 최악은 디트로이트의 커다란 집에서 다섯 가구가 방 하나씩 차지해 살았던 플랫이다. 엄마 남자친구의 친구들이 죄다 몰려들어 미친 짓거리를 했다. 정말이지 끔찍했다.

최루성 이야기는 하고 싶지 않다. 결손 가정에서 자라나고 아버지는 한 번도 본 적이 없고 엄마는 한 번도 일자리를 구한 적이 없다든지, 친구들이 놀러 오면 생활보호 보조금 명세서를 숨겼다든지, 9학년 진급에 세 번이나 낙제했다든지 하는 이야기들 말이다. 내가 바보였기 때문 부득이하게 그런 일들이 일어날 수밖에 없었다고는 생각하지 않는다. 난 감당할 수 없었기 때문에 학교에 가지 않았던 거다.

내 인생이 늘 절망적이고 암울했던 건 아니다. 요즘도 그 시절의 어떤 건 그립다. 거리를 뛰어다니고 밖에 나가 놀던 기억들. 좋았던 건 철없이 어렸던 것과 멋진 앨범을 샀던 것, 그리고 집에서 쫓겨나면 "젠장, 될 대로 되라지" 하며 프루프Proof 집으로 놀러 갔던 것이다. 프루프와 나는 열세 살 때부터 알고 지낸 사이다. 꽤 오랫동안 알고 지냈다고 할 수 있다. 우린 돈은 없었지만 언제나 그럭저럭 살 만했다.

누구든 자신의 피부색은 어쩔 수 없고, 자신이 자라난 곳에 대해서도 어떻게 할 수 없다. 그런 건 부모들이 좌지우지하는 거니까. 교외에서 자라났다면 그 사실을 자랑스럽게 생각하라. 다른 곳 출신인 척할 필요 없다.

나는 캔자스 시에서 태어났다. 아버지는 내 나이 다섯 살인가 여섯 살 때 떠나버렸다. 내 나이 다섯 살 때 우리 식구들은 디트로이트에서 정말 살기 험악한 곳으로 이사를 갔다. 거기서 내가 너무 심하게

이지메를 당하는 바람에 다시 캔자스로 되돌아갔고, 그 후 내 나이 열한 살이 되었을 때 디트로이트로 이사를 갔다. 당시 엄마는 나를 키울 만한 경제적 능력이 없는데도 동생을 갖게 되었다. 그 후 미시간으로 이주했을 때 우리는 있을 수 있는 곳이면 가리지 않고 머물렀다. 나도 엄마가 최선을 다했다는 건 알지만, 그럼에도 우리는 쉴 새 없이 이리저리 밀려다녀야 했다. 두세 달마다 이사를 다녔던 것 같다. 나는 1년에 여섯 번은 학교를 옮겨야 했다.

우린 생활보호 대상자였고, 엄마는 단 한 번도 밥벌이를 한 적이 없다. "아, 전 평생 빈털터리였어요" 하는 식의 최루성 이야기를 하려는 게 아니다. 그러나 나를 아는 사람들은 그게 사실이란 걸 안다. 때로는 친구들이 내게 신발을 사줘야 했을 정도다. 난 가난뱅이 양키였다. 잘난 척 떠들고 다닐 일은 전혀 아니지만, 난 어떤 것도 부끄럽지 않다.

내가 열다섯 살이 되었을 때 엄마는 "밥벌이 좀 해. 이 청구서들 좀 어떻게 해주지 않으면 당장 내쫓아버릴 거야"라고 말했다. 그 후 엄마는 정말 막무가내로 날 내쫓곤 했다. 내 월급의 반은 뺏은 후에 말이다.

내 인생에서 내가 기억할 수 있는 최초의 사건은 다섯 살이 되었을 때 보모를 강간한 거랍니다. 그녀 나이는 열다섯 살이었죠.

내 성장기는 정말이지 개똥같았다. 내 음악에 명백하게 영향을 끼쳤다고 할 수 있다. 여러분들은 [Slim Shady] 앨범을 사기만 하면 된다. 그 앨범을 잘 들어보면 나에게 물어볼 게 그렇게 많지 않다는 걸 알게 될 것이다. 난 정말 꽤 솔직하게 밝히고 있으니까. 그게 내가 직접 겪은 것이고, 직접 본 것이고, 내가 해온 것이라고 온 세상에 떠들어대고 있으니까.

여러분들에게 내가 말해줄 수 있는 한 가지는 내 엄마와 내 성장기에 대해 내가 했던 말들은 한마디도 빼놓지 않고 모두가 진실이라는 거다.

난 영특한 아이였지만 학교는 증오했다. 그저 랩만 하고 싶었다.

그래서 친구들 집에 놀러 가 랩을 하거나 내 방에 하루 종일 틀어박혀 거울을 보며 립싱크로 노래를 하거나 쿨해보일까 고민하며 색다른 옷을 입어보곤 했다.

난 분명 남다른 성장기를 거쳤다. 외따로 떨어진 아이였다. 정말로 외따로 떨어진 아이. 나와 친하게 지낸 친구들은 나를 잘 알고 있지만, 내겐 친구가 그다지 많지 않았다. 좀 시건방지기도 했으니까. 학교를 가지 않았기 때문에 선생들은 언제나 날 미워했다. 어쩌다 학교에 가면 그 작자들은 항상 나를 두고 이러쿵저러쿵 참견들이 많았다. "이런! 매더스 씨께서 오늘은 우리와 어울리실 작정인가보군요"라고 말하기도 했다.

난 상근으로 일한 적도 많다. 돈을 벌겠다고 요리사도 몇 번 해보고, 식당 청소도 하고, 화장실 청소도 했다. 진짜로 개똥만도 못한 더러운 짓거리였다.

거리의 싸움
Fighting In The Streets

난 늘 공격을 당했다. 학교 가는 길이건, 학교에서건, 수업이 끝나고 집으로 오는 길이건, 애들은 날 잠시도 가만두지 않았다. 왜냐고? 체격도 왜소하고 성격도 소심했으니까. 열일곱이 될 때까지 내 몸무게는 평균에도 훨씬 못 미쳤다. 그리고 거지발싸개 같은 동네에서는 으레 모종의 드라마가 있기 마련이다.

어떤 자식이 매일같이 날 두드려 팼다. 그때 난 4학년이고 그 자식은 6학년이었는데, 모든 애들이 그 아이를 무서워했다. 난 절대로 알랑방귀 같은 건 뀌지 않았기 때문에 그 놈은 늘 나를 팼다. 두어 번은 정말 만신창이가 될 정도로 맞았다. 하루는 오줌을 싸는데 그 자식이 화장실로 들어와 두들겨 패기 시작했다. 또 어떤 날은 그 자식이랑 다른 애들이 나를 눈 더미에 처박아 뇌진탕으로 일주일 동안 코마 상태에 빠지기도 했다.

지금 그 자식을 본다면 어떻게 하겠냐고? 글쎄, 아무것도 안 할 것 같은데. 아주 오래 전 일 아닌가. 그런데 〈롤링스톤〉이 그 작가에게 연락을 했는데 (그 놈이) 내 전화번호를 알려달라고 부탁했다나? 날 만나고 싶다나 뭐라나. 어쨌든 그 개새끼는 하마터면 날 죽일 뻔했다….

몇 번 공격을 당했다고는 하지만 그건 누구에게나 일어나는 일이다. 그런 일이 피부색이나 다른 문제와 관련이 있다고는 생각하지 않는다. 그건 그냥 성장기에 있을 법한 일 아닌가.

어떤 여편네가 우리 엄마에게 험악하게 말하며 손가락질하기에 내가 "우리 엄마한테 손대지 마"라고 말했다. 그랬더니 한 애가 야구방망이로 내 배를 갈기고 도망쳤다. 나는 끝까지 그 놈을 쫓아갔다.

내가 그 놈을 땅바닥에 메다꽂았더니 경찰이 와서 나를 붙잡았다. 하지만 날 체포하지는 않았다. 그 자식이 먼저 날 쳤으니까. 목격자도 있었기 때문에 그걸로 사건은 종결됐다. 이것도 아주 오래 전 얘기다.

어렸을 때 난 정말 많이 맞았다. 혼자서 다니다가, 또는 여자친구나 다른 친구들을 만나고 집에 가는 길에 열이면 아홉은 공격을 당했다. 그런 일이 정말 부지기수로 일어났다. 내가 자란 곳에서는 모든 사람들이 서로를 테스트하려고 했다.

나에게 총을 쏜 사람도 있었지만 날 맞히지는 못했다. 열여섯 살 때였다. 나에게 총질을 한 사람은 갱gang이었다.

사람들은 백인이 가난하다는 사실을 왜 그렇게 믿기 어려워하는 걸까? 난 게토에서 자랐다고 말하진 않겠다. 그보다는 '빈민가hood'에서 살았다고 말하련다. 그곳에서 그 시절에 알고 지냈던 친구들이 요즘도 투어 때 나와 함께 지낸다.

삶 그리고 죽음
Life & Death

    로니 삼촌은 나에게 친형 같은 존재였다. 그는 음악에 대해 엄청나게 많은 것을 알고 있었고, 나의 멘토mentor가 되어주었다. 그가 죽었을 때 난 며칠 동안 실어 상태에 빠져 지냈다. 그의 장례식에도 갈 수 없을 정도였다.

    아직도 (로니에게) 무슨 일이 일어났던 건지 알지 못한다. 나도 실의에 빠진 적이 있고 이것저것에 대해 지나칠 정도로 심각하게 받아들인 경우도 있지만, 진심으로 자살하고 싶다는 생각은 한 번도 하지 않았다. 나는 내 딸을 보살피고 싶다. 나에게 헤일리가 있듯이 로니에게도 그의 인생에 중요한 사람이 있었다면 오늘까지도 살아 있었을 것이다.

    자살하려면 배짱이 있어야 하는 건지 아니면 형편없는 겁쟁이라야 하는 건지 난 모른다. 지금까지 그 문제를 해결해본 적이 없으니까. 삼촌에 대해서는, 그가 자살하기 전에 그와 이야기를 나눌 수 있었다면 그를 괴롭힌 게 도대체 뭔지도 알 수 있었을 텐데 하는 마음뿐이다.

자살은 언제나 내 마음 깊은 곳에 자리잡고 있는 문제였지만 내가 진짜로 자살할 정도로 배짱 좋은 놈이라고는 생각하지 않는다. 그러나 내 인생을 바꿀 만한 어떤 걸 해보고 싶다는 생각은 진심으로 한 적이 있다. 나중에 후회할 일이건, 랩이건.

타이레놀을 한 움큼 먹었다. 열세 알인가, 열여섯 알인가. 그러나 먹고 나서 죄다 토했다. 곧바로 죽을 것만 같았다. 정말로 내가 죽는구나 싶었다.

한 레코드 레이블과 계약을 맺을 예정이었다. 어딘지는 말하지 않겠다. 하여간 우리와 계약할 사람을 만났는데 알고 보니 그 회사의 우편물 관리 부서에서 일하는 사람이었다. 뭣도 아닌 놈이! 당시 개인적으로 온갖 개 같은 일들이 터지던 때라서 그랬는지 영영 레코드 계약 같은 것은 맺지 못할 거란 생각이 들었고 홧김에 알약을 왕창 집어삼켰다. 다 토했기 때문에 병원에 갈 필요는 없었지만 환장할 정도로 배가 아팠다.

굳이 자살 시도까지 할 필요가 있었는지는 잘 모르겠지만, 내 딴엔 너무나 실망스러운 나머지 끝없이 '약 좀 더 줘. 약 좀 더 줘'라고 생각하며 꾸역꾸역 집어먹었다. 두 시간 동안 타이레놀을 한 스무 알은 삼킨 것 같다. 그래서 나는 요즘도 내 앨범을 들으며 그 당시 내가 어떤 심정이었는지 되돌아보기를 좋아한다.

힙합은 멈추지 않는다
Hip-Hop Don't Stop

아홉 살쯤부터 랩을 듣기 시작했다. 열네 살에 랩을 하고 라임을 쓰기 시작했으며, 그 후 계속해서 발전해갔다.

나에겐 뭔가 약간 다른 게 있었던 것 같다. 자라면 자랄수록 점점 더 잘하게 되었으니까. 열다섯 살 땐가 열여섯 살 땐 괴짜였다. 어떤 소리를 만들고 싶어하는지 깨닫지 못했고 아무것도 알지 못했다. 하지만 열여덟, 열아홉이 되면서 난 깨닫기 시작했다. 마이크를 잡으면 어떤 식으로 소리를 내야 하는지 알게 되고 랩 배틀은 어떻게 해야 하는지 알게 되면서 프리 스타일free style을 연습했다. 이것이 바로 지금의 모든 일이 일어나기 몇 년 전에 디트로이트에서 내가 알려지게 된 과정이다.

아주 어렸을 때부터 뭔가 중요한 걸 하고 싶었다. 엔터테이너가 된다든가 거물이 되고 싶었다. 내가 생애 최초로 들은 랩 앨범은 아이스 티Ice T의 〔Reckless〕였다. 속절없이 그 음악에 빠져든 나는 브레이크댄스 같은 걸 하며 지냈다. 그러다 열다섯인가, 열여섯 살이 되면서 랩을 하고 싶다는 생각을 하게 되었다. 연필을 들고 라임을 쓴답시고 부산을 떨면서 점점 더 발전하기 시작했고, '한번 해보고 싶은 일'이라고 생각했다. 이것이 내가 랩을 시작하게 된 사연이다.

내가 힙합을 대변하고 있다는 생각이 든다. 난 평생 힙합을 통해 살아왔다. 난 힙합을 알고 있고, 힙합을 통해 성장했다. 내 음악은 개똥같은 날들을 산 사람들, 그러니까 허송세월을 보내야 했던 사람들을 위한 것이다. 우리들 모두 그런 시절을 보냈기 때문에 내가 그런 사람들을 대변할 수 있는 것이다.

내가 하는 거라곤 내 인생에서 있었던 일들을 음악에 반영하는 것뿐이다.

현존하는 모든 래퍼들에게 힙합은 상당 부분 자전적인 형식으로 알려져 있다. 자신의 인생을 반영하고 자신이 아는 걸 이야기한다. 자신의 관점에서 사물을 이야기한다. 내가 "이게 내 관점이야. 내가 인생을 바라보는 방식이야"라고 말하는 것처럼 힙합도 언제나 그런 식이었다.

디트로이트 출신이건 다른 동네 출신이건 간에 난 거기에 무슨 운명적인 게 있다고는 생각하지 않는다. 이스트코스트 랩이 있고 웨스트코스트 랩이 있다. 이스트코스트는 서정적인 가사로 알려져 있고, 웨스트코스트는 갱스터 음악으로 알려져 있다. 디트로이트는 그 중간에 끼어 있다. 그러니 두 군데를 섞으면 정신 나갈 정도로 멋진 뭔가가 나온다. 키드록Kid Rock과 에샴Esham과 난 그 두 지역의 영향을 받았다고 할 수 있다. 두 개를 섞으면 뭔가 다른 게 나온다. 쿨하지 않은가. 우리 음악은 둘 중 어느 한 지역의 음악과도 같지 않다. 난 내 사운드가 중간 지역에서 나온 것처럼 들렸으면 좋겠다.

랩과 힙합이야말로 가장 멋진 것이다. 내 말이 무슨 말인지 알겠지? 랩은 청년 세대를 포용한다고 생각한다. 청년 세대가 있는 한 랩도 언제나 존재한다.

개인적으로 나는 랩 음악이야말로 이 세상에서 가장 멋진 것이라고 생각한다. 이상! 내 차의 라디오 데크를 보면 언제나 힙합 테이프가 있다는 걸 알 거다. 난 힙합 앨범만 산다. 그것이 내가 사는 목적이고, 내가 유일하게 듣는 음악이고, 내가 사랑하는 전부다.

(힙합을 하면) 돈과 명예가 따라온다. 각종 고지서도 처리해주고. 하지만 진정한 MC라면 다른 어떤 것보다 인정받기를 원한다. 장담하는데 자다키스Jadakiss나 제이지Jay-Z 같은 사람들은 밤낮 펜과 수첩

을 끼고 살 것이다. 그들은 자신이 최고라는 걸 알기 때문에 랩을 하는 거고, 인정받고 싶어서 라임을 쓰는 거다.

난 내 음악을 갱스터 랩으로 분류하지 않겠다. 보다 상냥한 세상을 만드는 건 내가 해야 할 일이 아니다. 난 그냥 음악을 만들 뿐이다.

사람들은 별별 구실을 다 붙여 내 음악을 부정한다. 그럴수록 나는 더 분노에 찬 음악을 만들 수 있는 원동력을 얻게 된다. 사람들이 날 열 받게 하면 할수록 내겐 쓸 거리가 더 많아진다.

힙합은 내 혈맹이고 난 힙합을 할 운명이라는 걸 느끼지만, 그런

생각을 다 날려버리는 게 있다면 내가 언제까지나 젊지 않다는 사실이다. 그 다음 문제는 내 딸이다. 걔가 어른이 되면 모든 걸 갖게 해주고 싶다. 대학도 보내고, 내가 하지 못했던 걸 누릴 수 있도록 해주고 싶다. 만약 내가 지금 당장 랩을 할 수 없게 된다면 난 아무것도 갖지 못할 것이다. 그럼 요리사나 해야 할 거다.

슬림 셰이디가 힙합이라는 사실만 알아주기 바란다. 난 힙합을 통해 성장했다. 힙합이야말로 내가 사랑하는 음악이자 존중하는 음악이다. 나는 힙합 문화를 존중한다. 그게 나다.

친애해 마지않는 엄마
Mommy Dearest

> 그 애를 과잉보호했다는 점에서 조금 후회가 된다. 사람들도 언젠가 내가 후회할 거라고 말했다.
>
> — 드보라 매더스 브릭스 Deborah Mathers-Briggs

성공한 이후로 나나 엄마에게 일어난 일들은 하나도 좋을 게 없었다. 그러나 엄마는 좋은 일인 척하려고 했고, 그래서 "난 내 아들을 사랑해요. 이 사실은 그 애가 배워야 할 교훈이에요. 난 내 아들을 사랑해요. 하지만 그 애를 상대로 1,000만 달러짜리 소송을 걸 거예요"라고 떠들어댔다. 이 말은 곧 '내 아들이 노력해 갖게 된 모든 것을 다 날려주마. 하지만 난 그 애를 사랑한다'라는 소리다.

아직도 뼈아프게 생각하는 과거사에서 엄마가 나에게 잘못했던 짓거리 중 절대로 용서할 수 없는 것들은 수두룩하다. 그것이야말로 내 모든 것에 불을 붙였다고 할 수 있다. 엄마는 인정하지 않겠지만 나에겐 여전히 가슴 아픈 게 있다는 말이다. 내가 원하는 건 사과뿐이지만, 난 사과를 받을 수 없다. 진실을 이야기하자면, 다시는 엄마 얼굴을 못 볼 것 같다. 정말이다.

엄마는 내가 자기 트레일러에서 나가주기를 원했다. 그래서 레코드 계약을 한 후 그 트레일러를 사버렸다. 어디든지 머물 곳이 필요했기 때문이다. 그러자 엄마가 인터넷에 '슬림 셰이디의 트레일러'라고 판매 광고를 냈다. "이 트레일러를 사면 슬림이 개인적으로 드나들면서 벽에 사인을 해줍니다"라고 말이다.

우리 엄마는 미친 여자다. 내가 투어를 떠났을 때 내 물건들을 훔쳐다가 경매로 팔아버렸다. 그리고 내 포스터를 가져다가 동네 아이들에게 팔아 넘겼다.

캔자스에서 공연할 때 엄마가 아이들에게 "내 아들이랑 사진 찍고 싶으면 20달러를 내라"고 했다. 난 그 사실에 대해 전혀 알지 못하고 있다가 어느 날 여자애 하나가 찾아와 "20달러를 내고 왔어요. 이제 저랑 사진 찍어주세요" 하는 바람에 알게 되었다. 엄마는 뱀 같은 여자다.

앨범에서 엄마가 나보다 약을 더 많이 한다고 했더니 엄마가 미친 듯이 화를 냈다. 그리고 이제 그 일로 날 고소하려고 한다. 내 여자친구가 엄마의 변호사에게 한 말에 따르면, 엄마는 하루도 빠지지 않고 내 여자친구에게 전화를 걸어대면서 나에게 소송을 걸 만한 '꺼리'를 찾고 있다고 한다. 물론 엄마는 아직까지 아무것도 건진 게 없다.

> 난 한 번도 약에 손을 댄 적이 없다. 마샬은 약이나 알코올 같은 건 일절 찾아볼 수 없는 환경에서 자랐다.
>
> — 드보라 매더스 브릭스

이따금 엄마랑 이야기를 하지만 가능한 한 말을 하지 않으려고 한다. 엄마는 내 동생이랑 살고 있는데, 내가 엄마에게 말하는 건 동생 때문이다. 엄마와 이야기할 이유를 찾을 수가 없다. 엄마는 나에게 정말 눈뜨고 볼 수 없을 정도로 엉망진창으로 굴었기 때문에 이제 이야기할 필요가 없다. 앞으로도 마찬가지다.

감옥 가는 건 두렵지 않다. 무슨 일이든 일어날 일은 일어나기 마련 아닌가. 돈을 빼앗기고 감옥에 가고 하는 따위는 나에게는 하등 신경 쓸 일이 아니다. 엄마가 내키는 대로 이 짓 저 짓 저지르면서 세상의 웃음거리가 되는 걸 보는 게 재미있다. 친엄마가 나를 고소한다는 건 구역질나는 일이다. 그 여자가 무슨 짓을 하고 있는지 제대로 말해줄까? 그 여자는 지금 지푸라기에 매달려 있다.

난 진실만을 말한다. 과거를 조작한다든지 거짓말을 할 이유가 전혀 없다. 화해는 결코 있을 수 없다. 나도 노력해봤다. 이렇게 말하자. 더 이상은 언급할 것도 없다고.

만약 제대로 잔인해질 수 있다면, (엄마는 내가 지금의 위치에 이르기까지 아무런 도움을 준 적이 없다) 나와 내 딸이 먹고 살 수 없도록 만들어보시지. 내가 가진 모든 걸 빼앗아보시지. 그렇다 해도 난 앨범에서 할 말을 하겠다. 그 여자는 언제나 날 쫓아내려고 안달이었는데, 내가 돈이 있다는 걸 알더니 이제는 나에게 들러붙어 있다. 나도 엄마한테 이런 말을 하는 게 썩 유쾌하지 않다는 걸 알지만, 불행하게도 이건 진실이다.

엄마는 더 이상 비빌 언덕이 없기 때문에 내가 한 인터뷰에서 뭔가 쓸 만한 '꺼리'를 찾고 있다. 하지만 어렴없는 일이다. 내 기꺼이 법정에 나가주지. 아예 공중파로 방영됐으면 좋겠다. 엄마가 어떻게 생겨먹은 사람인지, 지금까지 내 인생이 어땠는지 사람들이 봤으면 좋겠다. 내가 내 과거를 꾸며댈 이유가 있겠는가. 어쨌거나 엄마는 내 돈을 가져갈 수도 있었는데…. 나도 엄마에게 돈을 줬을 것이고. 하지만 날 고소함으로써 스스로 그 모든 가능성의 끈을 잘라버린 것이다.

난 네이선Nathan(에미넴의 이복동생, 현재 24세)이 애기였을 때부터 키웠다. 그 애를 못 본다면 힘들 것 같다. 그 애한테 전화할 때마다 나는 할 말을 잃는다. 엄마가 다른 전화로 우리의 통화를 듣고 있는 게 분명하다. 그 애는 엄마를 두려워하는 게 틀림없다. 장담하건대 엄마는 나한테 했던 것과 똑같이 그 애한테 하고 있다. 엄마는 통화할 때마다 "네 할머니도 널 상대로 소송을 걸 거야"라고 말한다. 기가 찰 노릇이다.

아니, (소송은) 끝나지 않았다. 앞으로 몇 년 동안 끝나지 않을 거다. 실제로 법정까지 간다고 해도 말이다. 물론 난 승소할 자신이 있다. 내가 이야기한 모든 것은 사실이었고 내가 말할 수 있는 전부였다. 이제 와서 그들은 내가 뭔가를 이야기해주길 바라지만 그런 일은 절대 일어나지 않을 것이다.

불행한 가족들
Unhappy Families

우리 아버지? 한 번도 만나본 적이 없다. 사진을 본 적도 없다. 요즘 아버지가 나랑 연락하려고 한다는데, 지랄하고 있다고 전해! 그 딴 새끼는 나가 뒈져버리라고 하라고!

우리 가족들은 단 한 번도 내가 원했을 때 옆에 있어준 적이 없다. 그들은 피가 섞였다는 이유 하나만으로 나에게 기대하고 있을 뿐이다.

아버지 쪽으로 형제자매가 있다. 난 그들이 결혼을 했는지 안 했는지도 모르는데, 그들은 나에게 연락할 모든 방법을 알기 때문에 나를 잘 알게 되었다. 하지만 난 그들을 모른다. 그러니까 그들이 내 성공을 발판으로 금전적인 이득을 보려하는지 어쩐지 말할 수 없다. 하지만 내 느낌으론 그들이 나에게 연락하려는 건 그 이유 때문인 것 같다.

내 가족들 전부 나에게 환장한 것처럼 군다. 내가 방문할 때마다 서로 자기들 집에서 날 재우겠다고 싸운다. 난리도 아니다. 그럴 때면 난 '놀고들 있네. 그게 뭐 대수라고' 하는 마음이 든다. 전에는 나한테 쥐뿔도 해준 게 없으면서 이제 와서 왜 날 염려하고 그러는 거야? 문전박대만 일삼다가 왜 이제 와서 새삼스레 문을 열어주는 거냐고?

난데없이 내 사촌이라면서 나타나는 작자들이 있다. 내 삼촌이니 이모니 하면서 내가 성공할 줄 알았다고 사방팔방 떠들어대며 돈이나 자동차를 은근슬쩍 바라는 작자들 말이다. 그럴 때마다 나는 뱃속부터 뒤집히는 기분이다. 우리 가족이나 친척 중 어느 누구도 내가 괜찮은 놈이라고 생각한 사람은 하나도 없다.

매더스 부부
Mr & Mrs Mathers

> 내 남편이 엔터테이너라고 해서 우리 부부의 일이 모두의 엔터테인먼트가 될 수는 없다…. 난 언제나 그때그때 상황에 근거해 그의 말을 받아들였고, 그의 편에 서 있었다.
>
> — 킴 매더스

> 그가 결혼한 줄 아는 사람은 하나도 없다. 마샬의 앨범을 사는 사람들의 80퍼센트가 여자이기 때문이다. 수많은 여자들이 그의 팬이다. 그는 잘생겼으니까. 그들은 자기에게 (그와 함께 할) 운이 생길지도 모른다고 생각한다.
>
> — 킴 매더스

지금보다 좀더 젊었을 때 킴은 내 모든 것을 지원해주었다. 그러나 나이를 먹으면서 현실적인 문제가 끼어들기 시작했다. 킴은 정말로 현실적인 사람이기 때문에 "당신은 지금 헛꿈 꾸고 있어. 그런 일은 우리 같은 사람들에겐 일어나지 않아"라고 말했다. 난 낙천적이었기 때문에 "난 꼭 이 일을 성사시키고 말 거야"라고 대답하면서 언제나 내 일에 머리를 처박고 지냈다. 솔직히 말하면 난 킴의 가족들로부터 많은 지원을 받았다고 할 수 없다.

킴을 변호하려는 것은 아니지만, 나에게 일어난 일이 그녀에게는 힘겨웠을 거라는 생각이 든다. 감당하기엔 완전히 미친 짓거리였으니까. 정말이지 만반의 준비를 하지 않으면 안 되는 일이었다.

나와 킴 부인 사이엔 비밀이랄 게 없다. 우리에겐 우리만의 문제가 있었고, 지금도 우린 우리만의 문제를 안고 있다. 뭔가 걸리적거리는 게 있을 땐 그것에 대해 노래 가사를 쓰는 것이 최고의 해결 방법이라고 생각한다. 그럼으로써 사람들에게 더 가까이 다가설 수 있다. 내가 더 많은 이야기를 할수록 사람들은 나와 더 긴밀한 사이가 된다.

분명 수많은 사람들이 여자친구나 다른 사람과의 관계에서 나와 같은 일들을 겪는다. 그런 사람들은 내 이야기에 공감할 거라고 생각한다. 관계가 생기고, 아이 문제로 고민하는 사람들이 얼마나 많은가. 일단 이 세상에 아이를 안고 들어오면 문제는 복잡해지기 마련이다. 관계가 순탄하게 풀리지 않을 경우엔 더욱 그렇다. 문제를 제대로 해결하고, 가족 관계를 원활하게 풀어보려고 노력하지만 그 모든 걸 죄다 개판으로 만들어놓는 일이 끝도 없이 일어나기 마련이다.

나와 킴은 우리만의 드라마와 별별 개 같은 일들을 함께 겪어왔지만, 그렇다고 내가 그녀를 사랑하지 않는다거나 딸 때문에 그녀와 함께 있는 거라고 말한다면 그건 정말 뻔한 거짓말이 될 거다. 난 그녀와 함께 있고 싶기 때문에 그녀와 사는 거다. 난 정말 그 여자를 사랑한다고! 진심이다. 내가 조금씩 철이 들고 있다는 걸 느낀다.

여러 여자들에게 둘러싸여 있는 나를 킴이 신뢰할 수 있겠냐고? 킴은 날 안 믿지만 난 그녀에게 잘해주려고 애쓴다. 이런 식으로 생각하는 거다. 만약 내가 유명하지 않다면 여자들이 날 두 번 이상 쳐다볼 일은 없을 거라고. 난 바보가 아니다. 이 모든 명예가 있기 전부터 나와 함께 있어준 여자에게 충실해야 한다고 믿는다. 내가 여자들을 싫어한다는 말은 아니지만, 여자들이 나랑 좀 어떻게 해보려는 경우가 많다. 백스테이지로 찾아와 날 위해 춤을 추고 싶다거나 날 만날 수 있다면 무슨 짓이라도 할 수 있다는 것처럼 군다. 나한테는 정말 웃기는 일이다.

킴은 내가 돌았다고 생각한다. 구제할 수 없을 정도로 상태가 심각한 놈이라는 거다. '97 Bonnie & Clyde'를 만들 때 스튜디오로 딸을 데리고 가 딸의 목소리를 노래에 넣은 걸 알았을 때 킴은 머리끝까지 화가 나 있었다. 그 당시 킴은 나에게 딸을 만나지 못하게 했기 때문에 그녀에게 복수하고 싶었다. 내 딸이 나를 겨누는 무기로 이용되고 있다는 생각에 화가 났다. 그 노래를 EP에 담아 디트로이트에서만 판매했다. 그런데 그 노래가 그렇게 대대적인 히트를 치게 될 거라고는 정말 꿈에도 생각하지 못했다. 그래서 킴은 더 화를 냈다. 그녀는 내가 완전히 미쳤다고, 장난이 아니라 진짜로 정신 이상이라고 생각했다. 그 말이 맞는지도 모르지.

내가 킴을 죽이고 싶다는 내용의 랩을 할 때마다 그녀는 미친 듯이 화를 낸다. 그러면 난 이렇게 말해준다. "당신, 내가 노래를 만들고 있을 때 열 받게 하면 노래에 나오는 수가 있어." 그러나 이젠 내 개인사에 대해 떠들어대는 짓은 관둬야 하는 게 아닌가 싶다. 결국에 가서 프라이버시의 의미조차 남지 않을 수 있으니까. 그렇지만 난

내 팬들에게 그들과 내가 가까이 있다는 걸 느끼게 하고 싶다.

킴과는 오랜 세월을 함께 해왔기 때문에 결혼을 하지 않았다 해도 지금과 똑같은 상황에 처했을 것 같다. 나는 가정에 정착하겠다고 결심했다. 진심으로 말하건대, 현실적으로도 그것이 필요하기 때문이다. 내가 온전히 제정신으로 있을 수 있는 가장 중요한 요인이 가족이다. 나 혼자 집에 있다면 미쳐버릴 것이다.

나에겐 감출 것이 아무것도 없다. 나에겐 딸이 하나 있는데, 그 애가 정말 자랑스럽다. 나에겐 아내가 있는데, 지금 이 순간엔 그녀가 그리 자랑스럽지는 않다.

부모되기
Parenthood

　아버지가 누군지도 모른다는 처지 때문에 나는 (아버지라는 입장에서) 내가 누리지 못한 걸 벌충하려고 한다. 하지만 그게 유일한 이유라고는 생각하지 않는다. 부모가 된다는 건 자연스러운 일이다. 난 어린 동생을 직접 키워본 적이 있다. 내 나이 열한 살 때 동생이 태어났기 때문에 난 그 애가 요람에 누워 있을 때부터 키운 셈이다. 그래서 딸이 태어났을 때 난 그 사실을 지극히 자연스럽게 받아들였다.

　딸이 태어났을 때 아버지로서 그 아이를 양육할 수 없을까봐 너무나 두려웠다. 우리는 그 아이가 태어난 후 두 번의 크리스마스를 완전히 빈털터리로 보내야 했다. 하지만 그 아이가 세 번째 맞이하는 크리스마스 땐 엄청나게 많은 선물을 마련할 수 있었다. 딸아이는 끝도 없이 선물 포장을 뜯으며 "이것도 내 거야?"라고 말했다. 내 딸은 타고난 부자는 아니었지만 이젠 하나하나 갖게 될 것이다.

내가 딸을 몹시 사랑한다는 사실을 가지고 음악을 만들진 않을 것이다. 좀 사적인 감정처럼 느껴질 것 같아서. 어쨌거나 난 그런 질척질척한 감상에 빠지진 않는다.

딸내미가 이렇게 말할 때가 있다. "아빠, 아빠랑 어디 갈 때마다 나한테 뭐 사줄 필요 없어." 하지만 난 애 버릇을 망치는 짓거리를 조금도 자제할 수 없다. 그렇게 하는 게 좋은 건지 나쁜 건지도 분간할 수 없다. 딸이 십대가 되면 알게 되겠지.

이렇게 해야 킴과 헤일리와 함께 가정을 꾸릴 수 있다. 아버지가 나에게 한 것처럼 자식과 절연하지 않고 자식을 제대로 키울 수 있다. 가족이야말로 나 자신을 바쳐 지키고 보호하고 노력해야 할 것이다. 내가 걱정하는 게 하나 있다면 그것은 어린 딸과의 사이가 멀어지는 것이다.

내 딸은 내 음악을 귀 기울여 듣는다. 아직은 너무 어려서 그 의미를 이해하지는 못하지만, 그 아이가 커서 "이건 무슨 뜻이에요?" 하고 묻는다면 다 설명

해줄 거다. 하나하나 자세히 무슨 뜻인지 이야기해줄 거다.

내가 애를 싫어한다는 말을 하는 게 아니라 나는 보모가 아니라는 말을 하는 것이다. 보모 노릇은 부모가 할 일이다. 나는 내 딸이 듣는 모든 것에 귀 기울이고, 그 아이가 보는 모든 것을 주의 깊게 본다. 만약 그 애가 누군가 욕설을 하는 걸 보거나 학교에서 듣게 된다면 그런 말은 나쁜 거라고 가르칠 것이다. 집에서 말이다.

부모로서 우리가 해야 할 일은 아이들이 십대가 될 때까지 통제하는 것이다. 십대 이후엔 통제하려고 해도 할 수 없다. 자식들에게 쌍소리를 하거나 좋지 않은 짓을 해선 안 된다고 가르쳐도 아이들은 그런 걸 배우게 되어 있다. 헤일리는 내 앨범을 좋아하기 때문에 때때로 "아빠, 그 노래 한 번만 틀어줘"라고 말한다. 하지만 그 아이는 워낙 똑똑해서 내 노래에서 욕설을 듣게 되더라도 그걸 따라 해선 안 된다는 걸 안다.

내가 이 나라 모든 아이들의 부모가 되어줄 수는 없는 노릇이다. 자식들이 성인영화 보는 걸 막을 수 없는 것과 마찬가지로 부모들은 아이들이 내 음악을 듣는 걸 막을 수 없을 거라고 생각한다.

아버지가 된다는 건 너무 극단적인 인간이 되지 않는다는 것이다. 내가 무대 위에서 무슨 미친 짓거리를 하더라도, 아니면 아무리 거칠게 흥분한다 하더라도 거기엔 분명한 한계가 있다는 걸 깨닫게 된다. 난 일정한 경계 밖으로 나올 수가 없다. 난 딸아이를 위해 그 안에 있어야 한다. 그 아이의 아버지는 항상 정신을 차려야 한다. 계속해서 그 상태를 유지해야 한다. 그 아이 덕분에 나는 아주 머저리 같은 짓을 저지를 뻔하다가도 멈추게 된다. 난 헤일리만 생각하면 된다. 그 아이는 늘 내 자신을 점검할 수 있게 해준다.

킴이 헤일리를 보살핀다. 작년(1999)에 나는 거의 1년 내내 집을 떠나 있었다. 한 달에 하루나 이틀 정도 집에 있다가 1주에서 3주 정도 떠나 있는 식이었다. 12월에 휴가를 얻었지만 디트로이트의 스튜디오에서 녹음을 해야 했다.

그 아이가 연기 같은 걸 하도록 도와줄 수 있으면 좋겠다. 그 아이는 정말 믿기 힘들 정도로 앙증맞은 캐릭터를 지니고 있다. 그 아이는 이야기하는 걸 좋아하고, 느닷없이 생뚱맞은 말을 꺼내는데, 어느 누구도 그 아이가 그런 걸 알고 있으리라고는 한 번도 생각지 못한 그런 말들이다. 그 애 딴엔 농담으로 생각한다.

이 일을 하면서 으레 따라오기 마련인 인터뷰나 사진 촬영 같은 걸 마다할 수가 없다. 그래야

내 딸의 미래가 안전할 테니까. 그래야 내가 죽었을 때 그 아이가 무엇이든 할 수 있을 테니까. 난 그 아이가 뭐든지 할 수 있는 여건을 마련해주고 싶다. 모델을 하든, 음악을 하든, 의사를 하든. 그때를 위해 돈을 마련해둘 작정이다. 그 아이는 그 돈을 갖게 될 것이다. 난 그 아이의 미래가 안전하게 정착되길 바란다.

우리는 아이를 만들기 위해 이 세상에 보내졌다. 그것이 이 세상의 현실이다. 우리가 이곳에 온 건 재생산하기 위해서다. 그리고 난 재생산해냈다. 그러니 이제 내 인생은 그 아이 것이다.

작업을 하거나 믹스를 점검하면서 헤일리에게 내 음악을 들어주었다. 하지만 이젠 더 이상 하고 싶지 않다. 내가 점

점 어른이 될수록 그런 일이 그 아이에게 뭔가 영향을 미칠지도 모른다는 생각이 들었다. 그 아이가 어떻게 받아들여야 할지 모를 단어나 문장을 듣게 될지도 모른다는 생각을 하게 된 것이다. 더욱이 새로운 음악에는 단어나 문장보다 내 음색에 훨씬 더 많은 분노가 스며들어 있다.

헤일리는 자기가 이해하는 선에서 내가 무슨 일을 하는지를 안다. 여섯 살 난 애가 머리 속으로 무슨 생각을 할지 나라고 알아낼 재간이 있겠나… 아버지가 TV에 나오는 걸 보고 자기 나름대로 이해한 것 같다. 다른 아버지는 TV에 나온 일이 없으니까. 그 사실이 그 애에게 별별 생각을 다 하게 만들었을 것이다….

물론 당신들도 당신의 자식이 공공장소에서 (로봇 같은 목소리를 흉내내며) "염병할, 돼지라지, 잡년, 개새끼" 이러고 다니길 원하진 않겠지. 하지만 당신이 1학년이었을 때 그러고 다니는 게 얼마나 재미있었는지를 떠올려보라고. '씨발'이라든지 '엿 먹을' 같은 욕들 말이야. 내 동생도 세 살 때 집 주변을 뛰어다니면서 "젠장, 젠장, 젠장할, 궁뎅이, 불붙은 궁뎅이" 하고 다녔다고. 그만두기가 힘든 장난이지. 하지만 그건 결국 그냥 단어에 불과한 거야.

브리트니 스피어스와
크리스티나 아길레라에 관하여
Britney, Christina & Co

개네들이 열여덟 살이 되면 욕하지 않을 거다.

브리트니 스피어스Britney Spears를 몇 번 만난 적이 있지만, 공공장소에서 그 여자를 만신창이로 만들지는 않았다. 난 그 여자 음악을 좋아하지 않는다. 보이 또는 걸 밴드들은 쓰레기라고 생각하니까. 그런 건 정말 오물이고 진부함의 극치를 달리는 음악이지만, 이쯤 해두자. 자기 일을 하겠다는 사람을 가지고 구역질이 난다느니, 노래도 제대로 못한다느니 하며 때려눕힐 수는 없는 노릇 아닌가. 저희들끼리 저희들 음악을 하라고 놔두지 뭐.

헤일리는 브리트니 스피어스 음악도 듣고 내 음악도 듣는다. 그 아이는 공중파에서 나오는 음악은 닥치는 대로 들으니까. 내 딸은

MTV를 보면서 브리트니 스피어스가 나와도 좋아하고 크리스티나 아길레라Christina Aguilera가 나와도 좋아하고 내 음악이 나와도 좋아한다. 내가 좋아하지 않는 사람들을 좋아한다는 거다. 그럼 어떻게 하냐고? 이봐, 그 아인 이제 겨우 네 살이라고.

크리스티나 아길레라가 MTV에 나와서 자기와 전혀 상관없는 내 사생활에 대해 떠들었다. 머저리 같은 친구들과 둘러앉아 키득거리며 자기가 가장 좋아하는 뮤직비디오라면서 내 비디오를 추천했다. 거기까지는 나도 그 여자를 존중했다. 그런데 갑자기 "그 사람(에미넴) 정말 귀엽죠? 그런데 그 사람 결혼하지 않았나요? 맞을걸요. 그런데도 그 사람 자기 아이 엄마를 죽이고 차 트렁크에 시체를 쑤셔넣었다는 등의 노래를 만들지 않았나요? 전 언제나 제 친구들에게 말하는데요, 가정폭력이란 건… 어쩌고저쩌고" 하는 거다. 거기서 난 완전히 돌아버렸다.

그 노래('Kim')는 진지하게 받아들이길 바라고 쓴 게 아니다. 그 노래는 병적이고 사이코 같은 생각들을 늘어놓은 것이다. 크리스티나 아길레라는 그 노래를 쓸 당시에 내 생활 상태가 어땠는지 쥐뿔도 모른다. 그 당시 난 딸을 볼 수 없게 되었다. 키득거리던 애들과

브리트니 스피어스

크리스티나가 알지 못한 게 있는데, 내가 트렁크에 쑤셔넣은 바로 그 여자랑 결혼했다는 거야! 난 그 여자랑 결혼했다고! 그런데 크리스티나는 그런 사실은 알지도 못한 채 주둥이를 놀린 것이다.

크리스티나 아길레라

그가 한 말이 얼마나 역겹고 새빨간 거짓말인지 알게 되었다. 프레드 더스트Fred Durst(림프 비즈킷의 멤버. 브리트니 스피어스와 사귄 적이 있다. 에미넴은 이 사실을 그의 싱글 'Real Slim Shady'에서 조롱거리로 삼았다 : 역자)는 쿨하게도 진실을 말하고 에미넴이 말하는 대로 따라하지 않았지만, 거기엔 이중 잣대가 숨어 있다. 여러분들도 프레드가 비디오('Real Slim Shady'의 뮤직비디오)에 출연한 걸 보았을 테니까 잘 알 것이다. 에미넴은 나한테 원한이 있는 것 같은데 나로선 그 이유를 모르겠다. 내가 무슨 말로 그를 기분 나쁘게 했는지 모르지만, 나는 내가 한 말을 한 번 더 그대로 말해줄 수 있다.

— 크리스티나 아길레라

어떤 작자가 보이 또는 걸 밴드, 김빠진 팝 그룹, 기획성 밴드를 모아 다분히 인위적인 뭔가를 만들어내는데, 다 사기나 다름없는 짓거리다. 내 외양만 보고 사람들은 나와 그 사기를 혼동하는 모양인데, 누구든 내 음악을 들어보면 내가 팝이 아니라는 걸 알게 될 거다. 내가 금발 머리인 게 화근인 것 같다. 난 다만 사람들이 날 그들과 같은 카테고리로 생각하지 않는다는 사실을 확인하고 싶을 뿐이다. 매번 TV를 켤 때마다 그 빌어먹을 사기꾼들을 보게 되는데, 정말이지 참기 힘들 정도로 지리멸렬하고 상업적인데다가 완전한 가짜에 쓰레기다. 끔찍하다.

에미넴이 엔싱크NSync를 좋아하지 않는다는 사실이 알려져 팬을 잃게 된다고 해도 상관하지 않겠다. 엿 먹어라, 엔싱크! 백 스트리트 보이스Back Street Boys도 나가 뒈져버려라! 브리트니 스피어스와 크리스티나 아길레라도 마찬가지야. 죄다 나가 죽어버리라고! 그런 것들은 나에겐 쓰레기일 뿐이야.

엔싱크

백 스트리트 보이스 같은 것들에게 끌릴 리가 있나. 개들은 저희들 할 바를 하는 거겠지만. 나는 나와 다른 음악을 하는 그들과 경쟁하고 있다고 생각하지 않는다. 그들의 음악은 환장할 정도로 진부하다. 다른 모든 보이 밴드, 걸 밴드 나부랭이도 마찬가지다. 하지만 어린 십대들은 그들을 좋아한다. 그러니 얼마든지 팔아보라고!

    가사만 들으면 우리를 멸시한다고 생각되지 않는다. 마치 우리를 좋아하는 것처럼 들린다. 하지만 막상 비디오를 보면 그가 우리를 좋아하지 않는다는 게 훤히 보인다.
                                             — 랜스 베이스 Lance Bass (엔싱크 멤버)

    그는 비디오로 우리를 작살내고 있다.
                                              — 조이 패톤 Joey Fatone (엔싱크 멤버)

    크리스티나가 가장 심하게 당했다. 안됐다는 생각이 든다.
                                              — 저스틴 팀버레이크 Justin Timberlake (엔싱크 멤버)

    더 이상 스파이스 걸 Spice Girl 멤버들을 임신시키고 싶진 않다. 이제 브리트니 스피어스 차례다. 지금은 풋과일 수준이지만 머지않아 고것도 무르익겠지.

저스틴 팀버레이크

역할 모델이 되긴 싫어
No Role Model

나는 투 라이브 크루 2 Live Crew와 NWA를 들으며 자랐다. 절대로 밖에 나가지 않았고, 누구에게도 총질을 하지 않았다.

내 어린 딸을 책임져야 한다. 그것이 내가 유일하게 신경 쓰는 것이다.

슬림 셰이디처럼 생긴 애들이 주변에 널려 있다는 사실은 나쁘지 않다. 근사하다고 생각한다. 사람들은 그것이 그냥 음악에 불과하다는 걸 알아야 한다. 하지만 내가 애들에게 일종의 역할 모델이라는 점을 생각해본 적이 없다고 말한다면 그건 거짓말일 것이다. 내가 원하건 원하지 않건 애들이 내 CD를 산다는 건 나를 존경한다는 뜻이니까.

내 앨범은 아동용이 아니다. '연소자 청취 불가Parental Advisory' 딱지가 붙어 있지 않은가! 내 앨범을 들으려면 18세 이상 되어야 한다. 이 말은 연소자들이 내 앨범을 살 수 없다는 뜻이 아니라, 내가 세상의 모든 애들을 책임질 필요는 없다는 뜻이다. 난 역할 모델도 아니고, 그러겠다고 선언한 적도 없다.

사람들은 에미넴이 하는 짓거리들을 마치 에미넴이 최초로 떠들어댔다는 식으로 말한다. 내가 처음으로 그 정도까지 이야기한 사람인지는 모르겠지만, 내가 하는 모든 건 진심에서 나온 것이다. 힙합은 힙합이고, 힙합은 언제나 그랬다. NWA부터 아이스 티까지.

날 숭배하려고 내 CD를 사는 애들이 있다는 걸 나도 안다. 하지만 난 그 애들에게 내가 하는 짓거리를 따라하지 말라고 이야기한다. 날 베끼지 좀 마라. 난 역할 모델이 되려는 게 아니다. 난 애들을 돌봐주는 보모가 되려는 게 아니다. 나에게도 어린 딸이 있다. 그것이 내 주요 관심사다. 그 아이를 똑바로 키워야 하고, 그러기 위해선 내 입을 단속해야 한다.

친구들과 경쟁자들
Friends & Rivals

키드록

키드록의 밥Bob을 좋아한다. 그는 내 친구였다. 그가 하는 일을 존중한다. 그는 그 자신 자체다. 그 점을 좋아하지만, 그의 음악을 매일매일 듣는 건 아니다.

1991년 'Ice Ice Baby'(백인 래퍼 바닐라 아이스Vanilla Ice의 1990년대 데뷔 앨범에 수록 : 역자)를 처음 들었을 때 난 희망을 잃었다. 더 이상 랩을 하고 싶지 않았다. 내가 나아갈 길을 망쳐놓았기 때문에 머리끝까지 화가 났다. 하지만 그때 서드 베이스3rd Bass(뉴욕 출신의 백인 랩 그룹 : 역자)가 나타나 희망이 생겼다. 그래서 모든 건 각자 할 바라는 걸 깨닫게 되었다. 바닐라 아이스는 순전히 가짜다. 서드 베이스가 진짜다.

사기꾼에 불과한 백인 래퍼들이 있다. 인세인 클라운 포스Insane Clown Posse(1990년대부터 활동하기 시작한 백인 랩 메탈 듀오. 우스꽝스러운 스테이지 매너로 유명한데 에미넴은 'When Hell Freezes Over'에서 그들을 신랄하게 멸시했다 : 역자)도 그런 작자다. 내가 백인이라는 이유로 그들은 나를 가지고 어떻게 해보려고 난리를 친다. 난 그들의 기괴함을 별로 좋아하지 않는데, 그들도 그 때문에 날 싫어한다. 하지만 그들은 정말 쓰레기다. 당신이 만약 동네에서 그들을 만난다면 뺨이라도 한 대 갈겨야 한다. 그들 중 한 명이 내 딸에 대해 뭐라고 지껄인 것 때문에 그들을 실제로 만나게 되면 상황이 고약해질 것 같다. 그들은 나랑 한판 붙고 싶어한다. 나는 유명한데 그들은 그렇지 않기 때문이다. 다시 말하건대 그들은 쓰레기다. 나에 대응할 정도로 괜찮지 못한 것들이라는 게 문제다.

내가 인세인 클라운 포스를 가지고 뭐라고 하는 것은 그들이 나에 대해 궁시렁대는 것만큼 심각한 건 아니라고 생각한다. 난 그들을 아티스트라고 생각하지 않으니까. 그들은 나를 아티스트라고 보지만. 그들은 그 문제에 대해 점점 더 고지식하게 군다. 난 그들을 보며 웃을 수 있다. 하지만 그들은 나에 대해 아무것도 할 수 없다. 그들이 나에게 뭘 할 수 있겠나? 그들에겐 진정성도, 존중할 만한 것도, 재능도 없다. 아무것도 없다. 그들이 할 수 있는 건 오로지 말로 나를 씹는 것뿐이다. 가사로 날 씹을 능력도 없다. 음악이 존재하는 한 그들이 나에게 할 수 있는 건 하나도 없다. 난 그들만큼 심각하게 받아들이지 않기 때문에 그들은 낭패를 볼 수밖에 없다.

진실과 연기에는 차이가 있다. 인세인 클라운 포스는 연기에 불과하다. 그들도 자기들이 하는 게 연기라는 걸 알고 있다. 그들 입으로 직접 연기라고 말할 정도다. 심지어 그들은 자기들이 싸구려라는 말도 했다. 스스로 인정했다는 뜻이다.

윌 스미스Will Smith는 레코드를 팔겠답시고 자기 랩에 욕설을 넣지 않는다. 그 작자 입장에선 잘된 일이다. 난 욕설을 집어넣는다. 그게 나니까.

마릴린 맨슨Marilyn Manson이랑 레코딩을 할 계획이라고? 에이, 아냐. 그건 루머야. 루머라고.

림프 비즈킷의 프레드 더스트와 함께

로린 힐Lauryn Hill이 백인들을 어떻게 생각하는지, 그에 관한 많은 이야기를 들었다. 그 사람을 두고 인종주의자라고 말하는 것도 들었다. 그 사실을 입증할 수는 없지만, 그에 관한 논쟁이 분분하다. 정말로 그 사람이 그렇다고 해도 나는 그런 식으로 받아들이고 싶지 않다. 난 사람들이 말하는 것을 전부 믿지는 않는다. 또 그 사람이 정말로 백인을 싫어한다고 해도 그건 그 사람 사정이다. 누구에게나 호불호가 있기 마련 아닌가.

마스터 에이스Master Ace는 시대를 앞서 있다. 앨범이 나왔을 때 바로 듣고 느낄 수 있었다. 나에게 그의 데뷔 앨범을 처음으로 들려준 사람은 MC 프루프였다. 두 번째 앨범이 나왔을 때 난 더블, 아니 트리플 플래티늄은 될 거라고 확신했다. 하지만 너무 시대를 앞질러 나왔는지 사람들은 그 음악을 이해하지 못했다. 그가 앨범을 통해 말하려던 건 힙합이 가사의 영역에서 일탈해버렸다는 사실이다. 힙합은 "널 총으로 쏠 테다. 칼로 찔러주지. 죽여버리고 말 거야" 같은 가사에 너무나 많이 시달리지 않았나. 이제 우리는 가사 본연의 영역으로 되돌아갈 필요가 있다.

사람들은 영국에서 시작된 논쟁을 가져와 계속해서 부풀리고 있다. 가령 "엘튼 존이 당신에 대해 이러고저러고 이야기했다는데 어떻게 생각하세요?"라고 말하기에 난 "그랬대요?"라고 대답했다. 그러다 그 기사를 실제로 읽게 되었는데, 그는 나에 대해 관대하게 이야기하고 있었다. 엘튼 존은 정말 존중할 만한 사람이라는 생각이 들었다. 난 그가 게이라는 걸 알지 못했다. 그 사람의 개인사에 대해서는 하나도 아는 게 없지만 그건 중요하지 않다.

내가 열다섯 살 때 나보다 몇 살 연상이었던 키드록은 언제나 웃으며 "레코드 판매량으로 나랑 한판 해보자"고 말했다. 당시 음반 업계에 대해선 키드록이 나보다 좀더 많은 걸 알고 있었다. 나 역시 다른 누군가에게 그렇게 이야기할 수도 있었는데, 그렇지 않았다. 그런 걸 누군가에게 이야기해야 한다고 생각하지 않았다. 특히 그 시절엔. 그 시절의 나는.

나는 테크노 음악을 싫어한다. 이런 걸 밝혀도 될까? 누가 나에게 화를 낸다고 해도 상관하지 않는다. 난 그런 음악은 참을 수가 없다. 모비Moby가 아무리 훌륭하다 해도 그 사실은 변하지 않을 것이다.

웨스트라이프Westlife(1990년대부터 활동하고 있는 틴 팝 밴드 : 역자)가 도대체 어떻게 생겨먹은 애들이지? 무슨 보이 밴드 나부랭이라도 되나? 그들에 대해선 한 번도 들어본 적이 없다. 사람들 말로는 팝 밴드라고 하던데. 나름대로 평가를 받겠지만, 보이 밴드들은 계집애들에 지나지 않는다. 사랑 같은 말랑말랑한 거나 노래하는데 누가 신경이나 쓰겠어?

에미넴의 파트타임 랩 그룹 디트웰브

디트웰브는 [Marshall Mathers LP]와 함께 탄생했다. 우리는 스튜디오에서 즐거운 시간을 보냈는데, 그 자체가 재미있는 쇼였다. 우리는 시시덕거리는 걸 좋아한다. 내 안의 덜 심각한 측면이라고 할 수 있다.

디트웰브 안에선 모두가 평등하다. 우리는 한 사람이 먼저 성공하면 다른 사람들에게도 그 성공을 나눠주기로 합의했다.

　디트웰브는 동고동락한다. 각자의 성격을 맞춰가며 지낸다. 싸울 때도 있다. 그러나 우리는 언제나 친구다. 친구라는 점은 그 어떤 것보다 먼저다. 그게 가장 중요하다. 우리가 친구라는 걸 늘 기억하는 것.

　아직까지 우리는 게임에 말려든 적이 없다. 우리는 이렇게 각박한 세상에 어떻게 대처해야 하는지 알고 있다.

　　우리가 모두 무법자였던 서부 시대의 노래를 만들 작정이었다. 더 티 더즌Dirty Dozen 같은 것처럼.

— 디트웰브의 뜻을 설명하면서

음악
The Music

　나는 가만히 앉아서 생각만 하지는 않는다. 생각들이 머리 속으로 들어오면 그걸 받아 적는다. 생각이 자연스럽게 술술 흘러나오도록 내버려둔다. 그렇다고 아무 생각이나 두서없이 마냥 흘러나오게 내버려두는 게 내가 원하는 건 아니다. 하루하루를 보내는 와중에 무엇이건 나오기 마련이다. 그런 식으로 여섯 개에서 열두 개의 생각이 모일 때가 있다. 그걸 그대로 받아 적어두었다가 주말이나 그 다음 주말에 하나의 아이디어로 모아 라임을 쓰게 된다.

　한 주 동안 아이디어를 모은다. 시간이 좀 걸리기도 하지만 종이쪽지에 의미가 중구난방인 아이디어와 단어와 메타포를 적어둔다. 아이디어가 충분히 모이면 그 종이쪽지들을 하나로 모아 붙인다. 그런 다음 노래를 쓰기 시작하는데, 언제나 종이 한쪽 구석에서 시작해 사선으로 써나간다. 왜 그런 식으로 작업하는지는 나도 모르지만,

언제나 그렇게 한다.

언제 아이디어가 떠오르는지는 나도 알 도리가 없다. 대부분의 아이디어는 자려고 침대에 드러누웠을 때나 사람들과 이야기하고 있을 때 나온다. 사람들이 뭔가를 이야기해줄 경우, 대개 단어를 조합하는 방식이 귀에 들어온다. 그들이 한 말 중에서 뭔가가 귀에 걸리면 그것에만 신경 쓰느라 나머지 말은 듣는 둥 마는 둥 한다. 그저 멍한 눈으로 앉아 있기 마련인데, 그러면 사람들은 으레 내가 약에 취해 있다고 생각한다.

나는 완벽주의자다. 난 나 자신을 위해 음악을 만든다. 다른 사람에 대해서는 생각하지 않는다. 어떤 사운드를 만들고 싶은지 내가 안다. 나 자신을 위해 만들기 때문에 내 음악에 만족한다. 내가 만족하면 다른 사람들도 만족하기 마련이다. 음악을 만들 때 먼저 버스verse를 쓴 후 훅hook으로 갈무리한다. 하지만 마이크를 통해 전달되는 감정과 말하는 방식에 있어서 그 음악이 완벽한지 확인해야 한다. 나 자신을 위해서. 그래서 내 노래를 100만 번은 반복해서 들을 수 있는 거고, 그렇게 들어도 흠을 발견하지 못하는 것이다.

레코딩을 할 때는 철저히 집중한다. 몰아지경에 이를 정도로 그 일에만 빠진다. 말을 많이 하는 걸 좋아하지 않는다. 내 자신에게만 집중해서 생각을 하나로 모은다.

노래 하나하나를 녹음하는 건 어렵지 않다. 난 하루 만에 보컬 파트를 녹음한 후에 그 테이프를 집으로 가져가 밤새도록 듣는다. 보컬 파트는 항상 두 번 녹음한다. 두 달에 걸쳐 아웃라인이 되는 파트를 먼저 녹음하고 보컬과 비트를 깐다. 그런 다음에 사운드 이펙트를 깔고, 비트를 빼버리는 게 나을 것 같은 파트를 골라내는 등의 마무리 작업을 한다. 나는 (스튜디오에서 내게 주어진 시간을 : 역자) 이런 식으로 쓴다.

평균적인 수준의 청취자를 움직이려면 감정을 건드리는 단어들을 사용해야 한다. 그들은 라임과 라임, 음절과 음절 사이의 묘미 같은 건 생각하지 않는다.

[Marshall Mathers LP] 이후 정말 많은 걸 겪었다. 많이 성장했고 원숙해졌다는 생각이 든다. 진정한 아티스트라면 그럴 거고, 또 그래야 한다. 사람들도 분명히 어떤 차이점을 인식할 것이다. 그것을 한 단어로 표현할 수 없을까? 달라진 나라기보다는 보다 성숙해진 나라고 해야 하지 않을까. 아티스트라는 측면에서 내가 성장한 것을 모두 알게 될 것이다.

노래마다 귀를 확 잡아당기는 소절이나 라임을 쓰는 일이 아주 쉬운 줄 아는데, 그게 그렇게 단순하지가 않다. 그랬다면 세상 사람들이 다 라임을 쓰고 있을 거야. 이번 앨범은 나의 진정한 팬이 누구인지, 또 'Stan'이나 'The Real Slim Shady'만 듣고 이전 앨범을 산 사람들이 누구인지 가려내줄 것이라 믿는다.

내 노래의 상당수는 외설적이다. 아직까지는 저질로 실컷 재미를 보는 것과 진지한 노래로 복귀하는 것의 줄타기를 잘 하고 있다. 다른 사람들과 마찬가지로 나에게도 행복한 내면이 있다. 색다른 무드랄까? 어쨌거나 나는 그런 걸 그려내고자 노력한다.

앨범〔Marshall Mathers〕는 한 주에 200만 장 가까이 팔렸다. 대단한 일이 아닐 수 없다. 열심히 작업한 음악을 사람들이 좋아해주는 건 기분 좋은 일이다. 그건 아티스트가 마지막으로 받을 수 있는 포상이다.

나는 내 음악이 다른 사람의 사운드와 비슷하게 들리지 않을까 하는 걱정에 편집증적으로 집착한다. 헤일리와 함께 하는 시간을 빼면 난 스튜디오에서 살다시피 한다. 언제나 뭔가 발전할 수 있을 거라고 생각하다가 결국에 가서는 치를 떨 정도로 지긋지긋해하지.

나는 있는 그대로를 말하고 싶다. 친구들과 둘러앉아 떠들어댄 이야기를 왜 공공연하게 떠벌이면 안 된다는 거지? 세상 밖으로 나가지 않는다면 대중들에게 내 이론과 관점을 어떻게 전할 수 있을까? 난 모든 사물을 있는 그대로 바라본다. 그게 마음에 들지 않는다면 그건 그 사람들 자유다. 내가 하는 말에 전부 동의할 필요는 없으니까. 하지만 사람들은 시시비비를 가린답시고 이러쿵저러쿵 말들이 많다.

난 여전히 언더그라운드를 대변하고, 아무것도 가진 것 없는 상태에서 출발해 거물이 된 사람들을 대변한다.

이 바닥에서 살아남으려면 성숙해져야 하고 자신을 재발명할 줄 알아야 한다. 신선도를 유지해야 한다는 말이다. 특히 힙합의 경우엔 더욱 그렇다. 힙합은 끊임없이 변하고 있고, 계속 발전하면서 다른 지평으로 옮겨가고 있다.

보통의 청취자들이 음절 패턴이나 라임 같은 걸 듣기나 하는지, 그게 무엇인지 알고나 있는지 잘 모르겠다. 정말로 그런 걸 포착하는지 모르겠다. 내 생각에 그들은 그냥 음악을 들으면서 비트나 노래에 담긴 이야기 정도를 감상하는 걸로 끝내는 것 같다. 하지만 그건 내가 음악을 만드는 행위의 일부분에 불과하다. 제이지나 나스Nas 같은 아티스트들은 마지막에 마지막까지 라임을 공들여 다듬는다. 미묘하고 세심하게 다듬어내기 때문에 보통의 청취자들이라면 쉽게 만든다고 생각할 수도 있다. 하지만 그게 그렇게 쉬운 거라면 개나 소나 다 라임을 만들게?

아티스트는 어떤 비밀을 간직하고 싶어한다. 나도 농담으로 지껄이건 진지하게 이야기하건, 세상 사람들 모두가 내가 하는 걸 다 아는 건 싫다. 음악을 만들고 노래를 하면서 느끼는 재미는 사람들에게 내 비밀을 상상할 수 있게 하는 것이다. 그래야 그들도 거기에서 나름대로 끌어내고 싶은 걸 끌어낼 수 있을 테니까.

힙합의 역사를 볼 때 내가 다른 래퍼들과 뭔가 다른 이야기를 했다고는 생각하지 않는다. 나에게 스포트라이트가 비친 건 교외 지역에 사는 아이들과 공감대를 형성했기 때문이고, 내 얼굴이 그 애들과 다를 바 없이 생겨서 친근감을 주었기 때문이라고 생각한다. 그래서 그들의 부모가 나에게 열 받은 것이고.

Infinite

우리는 〔Infinite〕라는 타이틀로 소규모 앨범을 만들었다(1995년 디트로이트의 MC들과 에미넴이 함께 작업한 앨범 : 역자). 디트로이트에서만 발매하는 앨범이었다. 그 앨범 이후부터 우리는 커리어를 쌓기 시작했다. 〔Infinite〕 앨범을 찍어준 사람들은 돈만 버렸다. 그래서 그들은 다시 디트로이트에서만 발매하는 테이프를 만들어 어느 정도 팔았지만 본전을 찾지는 못했다. 우린 될 대로 되라는 심정으로 준비했지만 얼마 안 가서 감당할 일이 너무 많다는 것을 알게 되었다. 당시 나는 너무 많은 공연을 했고, 감당할 수 없을 정도로 엄청난 반응을 얻고 있었다.

(〔Infinite〕를 만들 당시) 나는 라임 쓰는 법을 알았지만 첫 앨범에는 제대로 집어넣지 못했다. 그러나 문제가 될 정도는 아니었다.

〔Infinite〕는 어떤 식의 랩 스타일이 좋은지, 마이크 앞에서 랩을 할 때 어떻게 들리는 게 좋은지, 나를 어떤 식으로 전달해야 하는지 고심하던 시절의 앨범이다. 성장 과정의 단계였다. 그래서인지 〔Infinite〕 앨범은 막 찍어낸 데모처럼 느껴진다.

내 딸이 태어나기 직전이었고, 오직 딸아이의 미래에 대해서만 떠들어대던 시절이었다. 나스나 AZ의 라임 스타일이 각광받던 시절이었다. 난 늘 내 멋에 겨워 사는 코미디언이었기 때문에 〔Infinite〕 앨범은 제대로 된 앨범이라고 할 수 없다.

이 앨범 이후 내가 쓴 모든 라임은 점점 더 분노 쪽으로 기울어졌다. 그 분노의 대부분은 사람들이 나에게 보인 반응 때문에 생긴 것이다. 별것 없는 놈들이 "너 백인 아냐? 백인 놈이 랩은 해서 뭐 하게? 록큰롤이나 하지 그래" 그러는 거다. 그 따위 개소리들이 날 열 받게 했다.

세상이 아직 백인 힙합 아티스트를 이해할 준비가 안 된 것 같다.

— 마크 베이스Mark Bass([Infinite] 프로듀서)

기회라는 걸 알고 했지만, 경험이 없었다. 스튜디오에서 뭘 어떻게 해야 할지 몰랐다. 딱 1,000개의 테이프만 찍었다. 인터넷으로 살 수 있을지 모르겠지만 그건 다 부틀렉bootleg이다.

The Slim Shady EP

〔The Slim Shady EP〕를 끝내자마자 우리는 몇 장의 홍보용 앨범을 찍어 발송했다. 그런 다음 CD와 비닐(LP)을 들고 디트로이트로 갔는데, 그때부터 팔려나가기 시작했다. 여기저기서 주문이 쏟아져 들어와 공연 여행을 떠났다. '리리시스트 라운지Lyricist Lounge'에서 몇 번 공연한 후 여러 곳을 돌아다녔다. 그때 '인터스코프Interscope' 레이블이 이런저런 풍문을 통해 〔The Slim Shady EP〕를 듣게 되었고, 그렇게 해서 나에 대해 알게 되었다.

나에겐 더 이상 잃을 게 없었다. 얻을 것만 있었다. 내가 앨범을 만든 건 내 만족을 위해서였는데, 그것으로 난 성공했다. 만약 그렇지 않았다면 프로듀서들은 우리가 하는 랩의 모든 것을 포기할 기세였다. 난 내가 듣고 싶었던 걸 만들어냈다. 〔The Slim Shady EP〕에서 나는 나에 대해 이러쿵저러쿵 말도 많았던 사람들 모두를 상대로 한 바탕 갈겨주었다.

Low Down, Dirty

(이 노래에 대한 아이디어는) 화장실에서 일을 보다가 퍼뜩 생각이 떠올랐다. 밑을 닦지도 않고 곧바로 나와서 모든 사람들에게 이야기 해주었다.

I Just Don't Give A Fuck

이렇게 느끼는 사람이 나만 있는 건 아닐 것이다. 많은 사람들이 내 이야기에 공감한다고 믿는다. 백인이건 흑인이건 중요하지 않다. 심하건 심하지 않건 누구나 나름대로 곤경을 겪기 마련이다. 모두들 '개똥도 상관 안 해I don't give a fuck' 하는 심정이 될 때가 있다.

Just The Two Of Us

킴과 헤어진 후 다른 사람을 만나던 시절이다. 킴은 헤일리를 만나는 걸 허락하지 않았다. 내가 그녀에게 대응할 수 있는 건 그 경험을 노래로 만드는 것이었다. (노래에서 느껴지는 것은) 그 당시 내가 실제로 느꼈던 감정이지만, 지금 들어보면 쥐뿔만큼도 다가오는 게 없다.

The Slim Shady LP

내 앨범의 내용은 너무나 자전적이라서 물어본다고 해도 답할 게 없다. 흑인 거주 지역에서 산전수전 다 겪으면서 자란 백인 아이에 관한 이야기일 뿐이다. 최악의 삶은 아니지만 상당 부분 개 같은 삶이다.

첫 앨범은 발언의 자유를 극한까지 밀고 갈 수 있도록 수많은 문을 열어준 것 같다.

My Name Is

이 노래를 만드는 건 정말 간단했다. 작곡도 하기 전에 훅을 생각해냈으니 말이다. 때로는 이야기가 있는 랩을 먼저 만들고 다음날 바로 곡을 완성할 때도 있다. 무드에 따라, 일이 어떻게 풀리느냐에 따라 달라진다.

'My Name Is' 같은 노래는 다시는 만들지 않을 것이다. 그 따위 개 같은 노래는 나도 참을 수가 없으니까. 이 앨범은 날것 그대로다. 버블검bubblegum 랩을 원하는 팬들은 이 앨범을 사지 않을 것이다.

드레와 함께

뒤로 물러나 앉아 모든 노래를 샅샅이 들어보았다. 이 노래에 뭔가 부족한 것이 있나 찾아내기 위해. 뭔가 하나라도 빠져 있으면 안 된다. 내 노래는 하나도 빠진 것 없이 완벽해야 한다.

'My Name Is'는 상업적으로 대히트를 쳤지만 우리로선 전혀 예상

하지 못했던 바다. 그냥 썩 괜찮은 노래라고 생각해서 실었을 뿐이다. 그런데 언더그라운드의 애들은 귀에 쏙쏙 들어온다며 나를 팝 아티스트라고 떠들어대고 있다.

첫날 스튜디오 문을 열고 들어간 후 여섯 시간 만에 ('My Name Is'를 포함해서) 세 곡의 노래를 완성했다. 드레는 자기도 그렇게 해본 적이 없다고 말했지만, 나로선 내가 할 수 있는 모든 걸 보여주어야 한다는 강박관념에 시달렸다.

Guilty Conscience

사람들은 왜 음악 레코드도 영화가 될 수 있다는 사실을 직시하지 못할까? 내 랩과 영화 사이에 차이점이 있다면 내 랩은 스크린으로 보여지지 않는다는 것뿐이다. 나는 'Guilty Conscience'에서 '강간 판타지'의 장면을 거리낌 없이 집어넣었다. 모두가 웃기면서도 근사하다고 인정한 영화 '애니멀 하우스'에서 영감을 얻었는데, 그 영화를 보면 한 남자가 자기를 열 받게 한다는 이유로 한 여자를 강간하려고 하는 장면이 나온다. 그때 그의 한쪽 어깨엔 악마가 앉아 있고 다른 한쪽 어깨엔 천사가 앉아 그러지 말라고 말한다. 그래서 우리도 똑같은 내용의 노래를 만들기로 결심했다. 거기에 보다 생생한 묘사를 곁들여서.

세 개의 시나리오를 생각해냈다. 주류 판매소, 강간, 기타 등등. 노래 말미에 이르러 배틀에서 지고 있다는 생각이 들었을 때 그를 한

번 찔러줘야겠다고 마음먹었다. '언제까지 이 작자가 떠드는 걸 듣고만 있을 셈이야?' 하는 식으로 말이다. 그가 디 반즈Dee Barnes를 폭행했던 사건이 기억났다(1991년 닥터 드레는 한 파티에서 TV 쇼 호스트인 디 반즈를 폭행했다. 반즈는 드레를 상대로 수백만 달러의 소송을 걸었다 : 역자). 그걸 가사로 쓰면서 정작 그에겐 그 사실을 이야기하지 않았다. (가사를 듣게 되자) 그는 의자에 쓰러지며 마구 웃어댔다. 그걸 보고 내가 한 건 했구나 싶었다. 하지만 그 전까지는 내내 '이걸 들으면 뭐라고 할까?' 노심초사했다.

그 노래의 컨셉트는 영화 '애니멀 하우스'에서 따왔다. 여자애는 정신이 나가버리고 남자는 뭘 어떻게 해야 할지 결정해야 하는 장면이 나온다. 그의 한쪽 어깨엔 악마가, 다른 한쪽엔 천사가 앉아 있다. 영화는 음악보다 훨씬 더 막나가는 데가 있다.

Brain Damage

내 뇌수가 머리통 밖으로 빠져나왔다는 이야기만 빼고 이 노래의 내용은 전부 실화다. 학창 시절에 이 노래에 등장하는 놈들에게 괴롭힘을 당했다. 그 가운데 한 놈(디 안젤로 베일리 : 역자) 때문에 뇌진탕에 걸려 죽을 뻔하기도 했다. 라임을 쓸 때 나는 초등학교와 중학교, 고등학교 시절을 모두 종합했다. 2절에서는 정말로 진지해지기 시작한다. 그러나 스토리가 지루해지면 안 되기 때문에 스토리를 쓸 때는 진실을 기초로 약간의 상상을 가미한다.

이 노래의 이야기는 전부 사실이다. 어느 날 그 놈이 화장실로 들어와서 오줌을 누고 있던 나를 미친 듯이 패기 시작했다. 그래서 오줌이 내 몸에 튀었고 내 꼴은 더 엉망이 되었다. 또 하루는 디 안젤로 베일리D'Angelo Bailey(아무도 그를 디 안젤로라고 부르진 않았지만)가 운동장에서 달려와 나를 갈겼다. 그가 너무나 세게 치는 바람에 난 눈더미에 처박혀 까무러치고 말았다.

97 Bonnie & Clyde

이 노래는 순전 뻥이다. 킴이 헤일리를 보지 못하게 했기 때문에 앙갚음하려고 만든 노래다. 뛰쳐나가서 (노래에 나온 대로) 일을 저지르는 것보다 레코드에서 말로 떠드는 게 낫지 않나?

난 꼭지가 돌 정도로 제정신이 아니었다! 내가 할 수 있는 말은 그게 다다. 난 정말 그렇게 느꼈고 그러고 싶었다. 한순간은 정말 무슨 짓을 할 수도 있을 것 같았다. 정말로.

헤일리가 다 크면 그 노래에 대해 설명해줄 것이다. 엄마와 아빠가 한때는 사이좋게 지내지 못했다는 걸 말해줄 것이다. 이 노래의 어떤 부분도 글자 그대로 받아들일 필요가 없다고 말이다. 한때는 진짜 그러고 싶었던 게 사실이지만.

If I Had와 Rock Bottom

이 두 곡은 진지한 노래라고 할 수 있다. 농담은 싹 몰아내버렸다. 이 노래를 들으면 내가 성장기에 실제로 어떻게 살았는지 알 수 있을 것이다. 모두가 나를 제대로 봐주길 바라며 만든 노래니까. 난 결손 가정에서 자라났다. 내가 태어난 날부터 우리 식구들은 생활보호 연금에 기대어 살아야 했다. 농담하는 게 아니다. 아버지는 본 적도 없고, 아무것도 알지 못했다.

이들 노래가 가장 사적인 노래라고 할 수 있지만, 다음 앨범에선 그보다 더 심도 있는 노래들을 준비해두었다. 이제부터는 좀더 진지한 길을 걸어보려고 한다. 내 음악은 정말 정치적인데 사람들은 그렇게 보는 것 같지 않다. 내가 그냥 머저리라고만 생각하는 것 같다. 난 내가 걸어온 길을 돌아보고, 내가 살았던 지점에서 내가 겪었던 방식으로 사물을 바라본다. 그게 오늘의 나를 만들었다고 생각하니까. 그러니 사람들이 나를 머저리라고 생각한다면 내가 살아온 방식이 날 머저리로 만든 거고, 내가 겪어온 모든 것이 날 머저리로 만든 거라는 뜻이다.

'길버트 로지Gilbert's Lodge'에서 주방 일을 하다가 크리스마스가 되기 5일 전에 해고당했다. 크리스마스는 헤일리의 생일이다. 그 아이에게 뭔가 사주고 싶었지만 40달러 정도밖에 없었다. 그때가 내 생애 최악의 나날이었다. 그래서 'Rock Bottom' 가사를 썼다.

(이 앨범)의 많은 노래들이 나의 진지한 측면을 드러낸다. 하지만 농담 따먹기나 하는 노래들 속에도 뭔가 진실이 담겨 있다. 예를 들어 내가 우리 아버지 목을 베어버렸으면 좋겠다고 말할 때 그 심정만은 진실이다. 우리 엄마가 나보다 약을 더 많이 한다고 말할 때 그것도 진심이다. 'Rock Bottom'이나 'If I Had'는 나에게 가장 심각한 노래라고 할 수 있다. 농담은 전혀 없다.

Rock Bottom

내 나이 스물세 살이었나? 하여튼 그때 레코드 계약 같은 건 영영 못하고 일도 제대로 풀리지 않을 것만 같았다. 그래서 어느 날 밤 스튜디오에서 한 움큼의 알약을 집어삼켰다. 그 때문에 속이 다 뒤집히는 줄 알았다. 내 친구의 지하 스튜디오였는데 사방에다 토하고 난리도 아니었다. 웃기는 건 그로부터 한 달도 지나지 않아 드레가 나에게 전화를 했다는 것이다….

As The World Turns

이 노래가 정말로 정치적으로 그릇된 거라고 생각하지 않는다. 이건 그냥 얼빠진 만화 나부랭이 같은 노래 아닌가! 윤리도 가치관도 없이 자라난 쓰레기 같은 애새끼에 관한 노래란 말이다. 나에겐 하루하루가 똑같은데 세상은 아무 일 없다는 듯이 잘만 돌아가고, 그래서 이 개 같은 세상에서 어떻게 해서든 도망가고 싶고…. 이 노래에 이 이상의 의미는 없다. 모든 노래들의 가사가 의미를 담고 있어야 할 필요는 없다. 이 노래의 의미는 그냥 웃자는 거다. 알겠나? 웃으라고. 하하!

이 노래는 틀에 박힌 가난뱅이 백인에 관한 덜떨어진 스토리다.

The Marshall Mathers LP

이 앨범엔 분노의 기운이 스며들어 있다. 냉소적인 유머가 극에 달해 있는데, 냉소의 정도가 너무 심해서 마냥 웃기다고만은 말할 수 없다. 모든 걸 글자 그대로 받아들이는 사람들에게 반발하는 노래라고 할 수 있다. 내가 랩에서 "내 손목을 그어버릴 거야"라고 말하면 그건 농담하는 거다. 당신들, 내 손에 상처가 났는지 안 났는지 진짜로 보기라도 했냐고?

드레는 과거보다 더 많은 걸 해내고 있다. 지난번 앨범에선 세 트랙에 참여했는데 이번엔 적어도 일곱 트랙에 손을 대고 있다. 드레

는 자기 앨범 작업 때문에도 굉장히 바쁘다. 현재 믹싱 작업을 하는 중인데, 저번 앨범에서 그랬던 것처럼 그 일이 끝나자마자 우리가 달려들어 완성할 것이다.

이번 앨범에서 내가 만진 트랙들은 정말 끝내준다고 장담할 수 있다. 내 느낌은 그렇다. 등장할 때마다 게임판을 뒤흔들지 못한다면, 지난번 앨범보다 더 좋은 앨범을 만들어내지 못한다면, 아예 게임에 뛰어들지도 말아야 한다.

지난번 앨범에서 사람들은 날 너무 심각하게 받아들이고 왜곡했다. 이번 앨범은 더 심각하다. 느낌이 더 살아 있는 앨범이라고나 할까. 노래를 들으면서 웃기보다는 감정을 느낄 수 있을 것이다. 난 내가 하고 싶은 말은 무엇이든지 가리지 않고 한다. 그것 때문에 소송싸움에 휘말리고 두들겨 맞고 소동이 벌어진다고 해도 내가 원하는 말을 못하게 할 수는 없을 것이다. 난 모든 것을 흔들어 털어낸다. 나를 사랑하는 사람은 사랑할 수 있을 것이고, 나를 미워하는 사람이라면 나가 죽어버려!

이제 막 철이 든 것 같다. 이 앨범에서만큼은 더 이상 웃기는 놈이 되고 싶지 않다. 이번엔 정말 무섭도록 진지하고 싶다. 난 MC야!

내 앨범은 아마도 올해 나온 앨범들 중에서 날것의 느낌이 가장 생생할 것이다. 내 멋대로 추측하는 게 아니라 느낌이 그렇다. 가사는 그렇게 많이 바뀌지 않았다. 스타일 면에서도 여전히 내 스타일 그대로다. 상업적인 앨범을 만들 수도 있었지만 그러지 않았다. 내 앨범은 다분히 언더그라운드지만 싱글 하나가 뜨니까 사람들이 그것만 듣고 앨범을 사버린 것이다.

나에겐 정말 할 이야기가 많다. 별의별 일을 다 겪으면서 모든 걸 차곡차곡 쟁여놓았다. 투어 때는 공연에만 집중하기 때문에 라임을 많이 써놓을 수 없었지만 디트로이트의 집에 돌아가서 두 달 만에 앨범을 녹음했다.

이번 앨범은 〔Slim Shady〕보다 더 심각하다. 보다 더 분노에 차 있다. 지난 앨범처럼 "행복이 행운이 되고"라는 식이 아니다. 작년 한 해 동안 나에게 일어났던 일을 되돌아보며 라임으로 옮겼다. 많은 사람들이 나에게 뭔가 할 말이 많았던 것처럼 나도 할 말이 많았다.

음악적으로 프로덕션이 더 좋아졌다. 드레가 만진 트랙들을 빼고 내가 직접 몇몇 트랙을 프로듀스했다. 저번 앨범에서도 나는 많은 곡들을 프로듀스했다―이 사실을 아는 사람은 많지 않다. (이번 앨범에서 내가 프로듀스한 건) 대개가 힙합이고, 한두 트랙에는 기타도 들어간다. 어쨌거나 지난번 앨범보다 훨씬 더 날것의 느낌이 살아 있다. 더 나은 거 같다.

난 내 모든 걸 외부로 던져 표출하는 전략을 쓴다. 그래서 모든 사람들에게 '이 미친놈이 단단히 맛이 가 있다'는 걸 알린다. 다음번 앨범을 들으면 슬림 셰이디가 왜 맛이 갔는지 알게 될 것이다.

Stan

스탠은 자살하고 싶어서 나 같은 사람과 대화를 나누려고 한다. 하지만 난 그의 곁에 없다. 마침내 내가 그에게 편지를 써서 카운슬링을 받아보라고 권유한다.

'Stan'은 끝없이 팬레터를 보내며 내가 내 노래에서 하는 말을 글자 그대로 믿는다고 말하는 과대망상증에 걸린 팬에 관한 노래다. 그는 정말로 미쳤다. 그러나 그는 내가 미쳤다고 생각한다. 난 노래의 마지막에 그를 도와주려고 한다. 나의 실제적인 한 면을 보여준다고 할 수 있다.

    'Stan'을 과대망상증에 걸린 팬에 관한 노래로 만들고 싶었다. 팬 레터를 기반으로 해서 사람들이 나를 어떻게 인식하고 있는지 보여주고자 했다. 과대망상증 환자인 스탠은 내가 말하는 걸 글자 그대로 믿고 있는데, 내가 심각한 것을 가지고 광대처럼 노는 걸 보고 완전히 미쳐버린다. 난 나에게 오는 모든 편지를 다 읽어보지만 답장을 쓸 시간이 없다. 너무 바쁘니까. 정말로 시간이 없어서 답장을 보내지 못하는 건데 스탠은 내가 자기를 무시하는 거라고 생각한다. 그러나 결국 나는 그에게 답장을 쓴다. 그가 이미 자살해버린 줄도 모르고.

    순전히 농담으로 한 소리인데 그 애는 정말로 미친 건지 내 음악을 심각하게 듣고 음악을 통해 내가 자기와 똑같다고 생각한다. 그의 생각으로는 나도 자기처럼 미친 것이다. 별별 이상한 애들이 나를 매력적으로 생각한다. 울고불고 난리도 아닌 애들이 얼마나 많은지. 내가 뭐라고 내 손에 키스를 하고, 신이나 뭐 그런 것쯤 되는 것처럼 쳐다보고.

The Way I Am

이 노래를 만들던 당시에 레코드 레이블에서 첫 번째 싱글 문제로 나에게 엄청난 스트레스를 안겨주었다. 앨범 작업을 막 마무리한 때였다. 인터스코프에 가서 모두에게 앨범을 들려주었을 때 모두들 첫 싱글감이 없다고 입을 모았다. 'San'이나 'Criminal'이나 다 두 번째 싱글감이라는 거다. 나는 미팅을 끝내자마자 바로 'The Way I Am'을 썼다. 다소 낭패감이 들어 이 곡을 첫 번째 트랙으로 삼아야 하나 고민했다. 그러다 데드라인을 몇 분 남겨놓고 막 완성한 'The Real Slim Shady' 대신 'The Way I Am'을 그들에게 던져주었다. 그건 레이블을 포함한 모두에게 '나 좀 내버려둬!'라고 전하는 메시지였다.

평론가들이 날 편협한 놈, 여성 혐오자, 돼지 새끼, 게이 혐오자라고 부른다면 진짜로 그렇게 되어주겠다. 나에 대한 인식이 그렇게 글러먹었다면 나도 글러먹은 인간이 되겠다 이거야. 나를 괜찮은 놈이라고 생각한다면 나도 괜찮은 놈이 될 수 있다.

The Real Slim Shady

난 그냥 보통 사람이라고! 이 말은 앨범 전체를 관통하는 흐름이다. 이 흐름이야말로 내가 제대로 살리려고 노력했던 것이다. 랩을 하기 이전이나 이후나 나는 마샬 매더스다. 화려한 날이 다 가고 명

성이 사라질 때 나는 마샬 매더스로 되돌아갈 것이다. 어느 누구도 나에게 신경을 쓰지 않을 것이다. 전과 다르게 말이다. 그런데 지금은 도대체 뭐가 문제인지 이해할 수가 없다. 고향 애들은 내가 무슨 신이나 된 것처럼 쳐다본다. 그들과 달리 먹지도 않고 숨도 쉬지 않고 싸지도 않는 미친놈인 것처럼 바라본다.

내가 나타내고자 하는 총체적인 메시지는 '도대체 뭐가 그렇게 문제냐'라는 거다. 난 언제나 랩을 했는데, 레코드 계약을 해서 세계적으로 내 음악이 팔리니까 이제 거물이라고? 한마디로 웃기는 일이다. 그래서 사촌이고 조카고 고모고 이모고 할 것 없이 가족 모두와 내 팬들에게 그 점을 분명히 하고 싶었다.

몇 번째 절에서 나는 나를 '디쓰diss'한 그룹에 대해 이야기한다. 그 그룹의 이름은 밝히지 않겠다. 더 이상 그들을 각광받게 할 수는 없으니까. 그 노래만으로도 충분히 떴으니까. 그 개자식들이 날 '디쓰'하면서 나에 대해 같잖은 말들을 지껄였지만 난 내버려뒀다. 걔들이 공개적으로 그러고 다녀도, 날 홍보는 노래를 레코드에 실어도 난 내버려뒀다. 말로 하건, 몸짓으로 하건 다 봐줬다.

Kim

그녀를 트렁크에 쑤셔넣기 전에 일어난 일을 담고 있다. 엄청나게 다투었다. 이 노래를 쓸 때 난 엑스타시에 취해 있었다. 엑스타시는 사랑이건 증오건 감정을 증폭시킨다. 엑스타시에 취했을 때 나는 살인을 하고 싶었다. 그런데 정작은 한 번도 본 적도 없는 사람한테 사랑한다고 말하고 있더라고!

아마 지금까지 썼던 것 중에 가장 힘겨워하며 만든 노래일 거다. 내 안의 분노가 하나도 빠짐없이 노래에 옮겨졌으니까. 전에도 말했지만 내 음악은 일종의 자가 치료다. 노래만이 그나마 어느 정도 정신을 차릴 수 있게 해준다.

킴은 노래를 듣더니 "당신 진짜 완전히 미쳤어"라고 말했다. 그리고 더 이상 이 노래를 듣고 싶어하지 않았다. 솔직히 말하면 나도 이 노래를 듣지 않는다. 일상에서 벌어진 말싸움을 고스란히 따온 셈이다. 우리는 때때로 정말 그렇게 싸우지 않나?

Criminal

노래 중간에 내가 이렇게 랩을 한다. (남부 사투리 특유의 느릿느릿한 어조로) "하나님, 이 아이에겐 예수님이 필요하나이다. 이 아이를 돌보아주소서. 이 아이가 악마를 물리칠 수 있도록 도와주소서. 저에겐 최신형 자동차와 함께 제 아내가 아파 병원에 누워 있는 동안 함께 지낼 창녀 한 명만 보내주소서." 여기서 내가 하고 싶은 말은 우리 주변에 '예수님의 이름으로'라는 말을 입에 붙이고 살면서 어린 애들을 희롱하는 성직자들이 무진장 많다는 거다. 그래서 그런 부패한 개자식들을 쑤셔주는 거다.

나한테 애들이 날 숭배한다고 말하면 난 "이 나라 대통령은 마리화나를 피우고 오랄 섹스를 하고선 안 했다고 거짓말한다. 그러니 나한테 뭐라고 하지 마라. 내가 염병할 놈의 대통령인줄 알아? 난 래퍼야. 역할 모델 같은 건 되고 싶지 않아"라고 말한다. 아이들에게는 이렇게 말하고 싶다. "아무것도 없는 처지에서 이젠 모든 걸 다 갖게 된 사람이 되었다는 점을 존경해다오. 폭력적이고 약이나 하기 때문에 날 우러러보지 말고. 나 같은 인간이 되면 안 돼."

아주 신랄하고 냉소적인 유머를 담고 있지만 마냥 재미있다고만 하기엔 너무 극단적이다. 내가 하는 말을 액면 그대로 받아들이는 사람들에 대한 반동이었다.

Bonnie & Clyde Part 2

딸아이 엄마와는 여러 고비를 함께 넘겼다. 우린 9년 동안 헤어졌다 다시 만나기를 반복한 사이였으니까. 어떤 고비에서는 그녀를 죽이고 싶기도 했다. 여러분도 누군가를 죽이고 싶은 기분을 느낀 적이 있는지 모르겠지만, 내 경우엔 말 그대로 그녀를 죽여버리고 싶은 때가 몇 번 있었다. 5년 동안 그녀를 죽이는 내용의 노래들을 만들었는데, 그걸 들은 사람은 하나도 없다. 대략 열한 번은 그녀를 죽였다. 'Bonnie & Clyde Part 2'의 Part 1은 내가 그녀를 죽여 트렁크에 숨기기 전에 일어난 내용을 담고 있다. 말싸움의 내용을 담았다고 할 수 있다. 미친 짓이다. 너무 많은 사실을 폭로하고 싶진 않았지만 사람들이 들어주길 바랐다. 내가 이 노래를 녹음했을 땐 약에 좀 취해 있었다. 다음날 다시 들어보니 장난이 아니었다.

내가 이 노래를 녹음할 때 아이 엄마는 딸아이를 못 만나게 했다. 이 노래는 아이 엄마에 대한 일종의 앙갚음이라 할 수 있다. 뛰어나가 실제로 일을 저지르는 것보다 이런 식으로 이야기하는 게 더 나으니까.

이 노래는 농담이다. 그 당시엔 실제로 그렇게 느껴서 킴에게 앙갚음할 요량으로 노래를 만들었지만, 이제 이 노래는 나에게 개똥만큼의 의미도 없다. 헤일리도 이 노래를 듣지만 아직 무슨 뜻인지는 모른다.

The Showdown
(영화 'Wild Wild West' 사운드트랙 중)

나하고 드레가 작업했다. 웨스턴을 주제로 했다. 영화 '와일드 와일드 웨스트' 사운드트랙을 위한 노래로 만들었다. 동시에 이 노래는 [Chronic II]에서 무슨 일이 일어날지를 엿볼 수 있는 예고편이기도

키드록과 함께

했다. [Chronic II]를 선전하면서도 철저히 영화에 속한 노래라고 할 수 있다.

Fuck Off
(키드록의 [Devil Without A Cause] 중)

그와 난 같은 스튜디오에서 같은 때 앨범을 녹음했다. 뿐만 아니라 같은 아파트에 머물렀다. 좀 괴이한 상황이었는데, 그 때문에 그와 더 친해졌다. 태어나서 처음으로 딱 한 번 코카인을 하게 되었다. 그랬더니 정말 눈 깜짝할 사이에 작곡이 되었다.

The Eminem Show

랩 스킬은 증명해 보였으니 이젠 내가 모든 곡을 작곡할 수 있다는 걸 보여줄 차례다. 하나부터 열까지. 솔로 레코드라는 점에서 다음번에는 보다 느낌이 담겨 있는, 노래 하나하나가 다른 그런 앨범을 만들고 싶다. 감정을 잡아낼 수 있으면 좋겠다.

진심으로 하는 말인데, 저번 앨범은 개판이다. 돈 주고 사지 마라. 내 남동생처럼 인터넷으로 다운받아 듣기를!

앨범을 제작하는 과정에서 나만 앨범 복사본을 가지고 있다. 레이블의 어느 누구도, 폴 로젠버그도, 프루프도 가지고 있지 않다. 사전에 우리 모두 합의를 본 사항이다. 어떤 일이 일어날 경우 내가 책임진다. 우린 이런 식으로 안전 관리를 하는데, 이 앨범 역시 내 손으

로 직접 관리한다.

이번 앨범은 지금까지 내 앨범 중 최고가 될 거다 완전히 개인적인 앨범이니까. 내가 어느 정도 성장했다는 생각이 든다. 이 게임에서 생존하려면 성장할 수밖에 없다. 난 내 인생에서 일어나는 모든 일을 받아들일 수 있고, 노래로 쓸 수 있고, 되돌아볼 수 있다. 때로는 노래로 만들고 가사를 쓴다는 명목으로 내 인생에서 드라마를 추구하는 건 아닌지 자문할 때가 있다.

작년에 실형 선고를 받을 뻔했던 상황과 이혼까지 하게 되었던 와중에 느꼈던 것을 반영한 노래가 이번 앨범에 포함되어 있다. 난 한 해 동안 정말 많은 것들을 겪었고 그리고 해결했다. 그때 이 앨범의 반을 채울 노래가 만들어졌다.

만약 이 앨범에서 내가 진정한 MC라는 걸 보여줄 수 없다면 난 그만두겠다.

Squaredance

캐니버스Canibus 그 똥통? 걔는 게이가 그렇게도 좋은가보지? 나에겐 그렇게 보였다. 그는 스탠 같은 좀팽이다. 아님 말고. 하여간 내 레이더에 걸려들 일은 거의 없다. 다음엔 좀더 잘해서 내 주의를 끌기 바란다. 내가 아무리 거물이라 해도 나는 언제나 거리의 동태에 귀를 기울인다. 거물이든 하찮은 존재든 상관없이 누가 내 이름을 잘못 거론할 경우 그 작자부터 제일 먼저 피를 볼 것이다. 내가 곧바로 보복해줄 테니까.

— 래퍼 캐니버스와의 논쟁에 관해

(캐니버스는 [C-True Hollywood Stories] 앨범에서 에미넴의 캐릭터 '스탠'에 대해 '디쓰 송'을 만들어 조롱했다.)

Till I Collapse

내게 어떤 일이 일어났는지 존중하는 마음으로 봐야 할 것이다. 그래, 난 인정받을 만하다고 생각한다. 레코드 하나는 확실하게 팔아 치웠으니까. 하지만 중요한 것은 내가 느끼는 것들이다. 자리에 앉아 몇 시간 동안 만들어낸 라임들로 인정을 받지는 않는다. 10분 정도 느낌대로 끄적거려서 만든 라임들로 인정을 받는다. 그래서 언제나 '이건 내가 한 말 중에서 제일 마음에 드는 건 아닌데' 하는 생각이 든다.

Sing For The Moment

감옥에 가게 될 것 같다는 생각이 들었을 때 가장 무서웠던 건 '이 사실을 헤일리에게 어떻게 말해야 하나'라는 거였다. 뭐라고 말할 수 있겠는가. '아빠 나쁜 사람이거든. 그러니까 아빠를 만나려면 감옥으로 와'라고 말하나? 난 딸에게 아무 말도 하지 않았다. 혹시나 모면할 길이 있을지도 모른다고 생각했고, 그런 일로 그 아이에게 정서적 공포를 겪게 하고 싶지 않았기 때문이다. 헤일리는 내가 떠나는

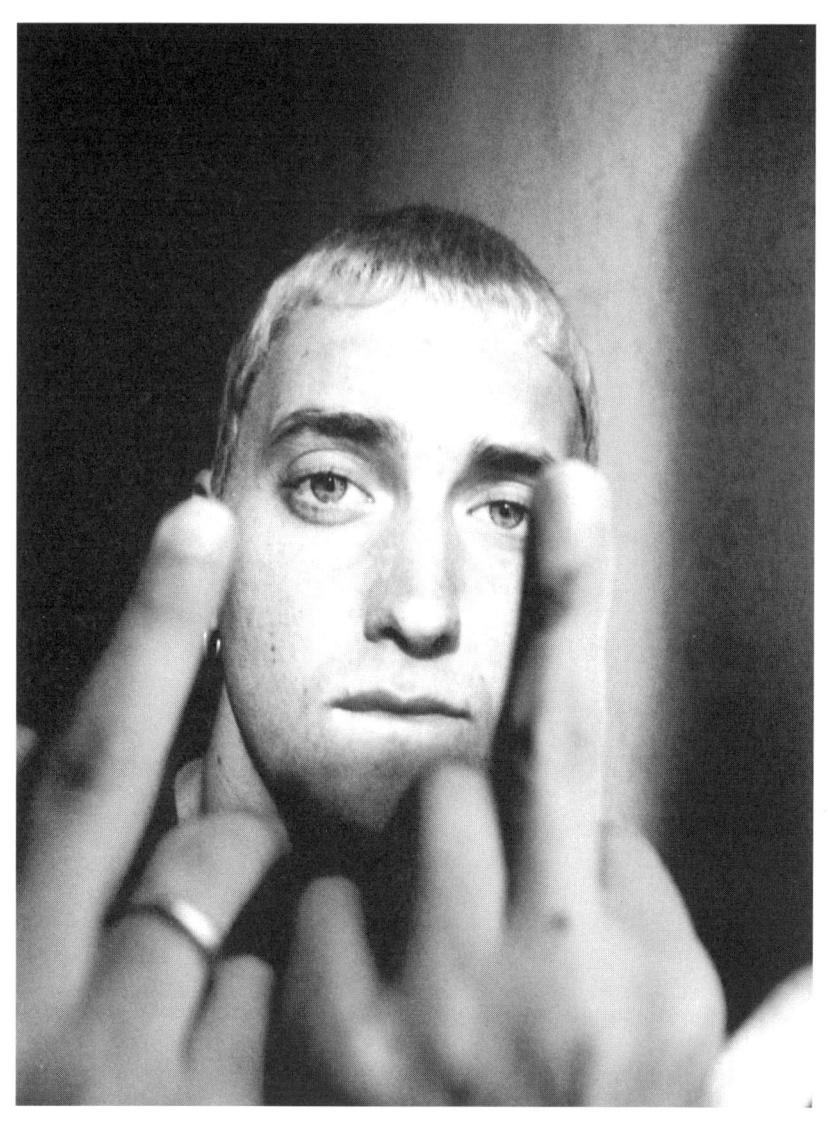

걸 싫어한다. 'Sing For The Moment'는 그런 좌절감을 표현한 노래다.

'Sing For The Moment'는 〔The Eminem Show〕를 위해 쓴 첫 번째 곡이었다.

Cleaning Out My Closet

솔직하게 말해서 나와 엄마 사이엔 아무런 관계도 존재하지 않는다. 새삼스럽게 다시 시작할 이야기도 없다. 그러니까 이 노래는 '종료 선언'인 셈이다.

'Cleaning Out My Closet'은 [The Eminem Show]에서 내가 두 번째로 쓴 노래다. 한 줄을 먼저 썼다. "에미넴 쇼에 오신 여러분들을 모두 환영합니다"라는 가사다. 하지만 그것뿐이라서 잠시 뒤로 물러나 생각했다. 그러다 "내 인생은 정말이지 끝내주는 쇼 같아"라는 말이 생각났다.

Hailie's Song

이 노래는 내 가슴에서 긴장을 털어내는 것과 같다. 내가 만든 다른 노래도 마찬가지다. 이것은 곧 치료다. 모든 것을 레코드에 쏟아낸다. 이 노래에서 나는 정말로 내 감정을 다 쓸어내버렸다. 작년에 나는 만만치 않은 일들을 겪었다.

(오리지널 버전은 조지 해리슨George Harrison의 'While My Guitar Gently Weep'의 리프riff를 피처링하고 있다.) 내가 알기로 그(조지 해리슨)는 죽기 전에 그 노래를 무척 좋아했다. 그래서 나에게 피처링을 허락했다. 그러나 그의 음악에 대한 권리를 가지고 있는 그의 아내가 안 된다고 했기 때문에 난 'Hailie's Song'을 재녹음해야 했다.

영화 '8마일'에 관하여

(연기에 관해서라면) 취미 삼아 해보고 싶다는 생각은 늘 해왔다. 물론 내가 직접 한다는 조건으로. (영화를 한다면) 정말로 좋은 시나리오가 있어야 했다. '8마일'은 내 인생과 막상막하일 정도로 닮은 데가 많다. 시나리오도 끝내줬기 때문에 내 커리어를 3개월간 정지시킬 만한 가치가 있었다. 내 음악이 점점 부진해지기 시작할 때 어쩌면…. (연기로 전업할지도 모른다.) 내가 평생 음악만 할 수 있을 거라고 생각하진 않는다. 그 영화는 일종의 신병 훈련소의 연기라고 할 수 있다.

팬들
Fans

누가 날 좋아하는 것을 통제할 수는 없는 노릇이다. 백스트리트 보이스Backstreet Boys의 팬이 나를 좋아한다고 해서 내가 할 수 있는 일이 뭐가 있겠는가?

팬레터를 수없이 받는데, 정상적인 팬도 있고 정신이 나간 팬도 있다. 난 미친놈이지만, 병리학적으로 미친 게 아니라 미친 것처럼 구는 건데, 그런 점에서 괴짜들이 나에게 매력을 느끼는 모양이다.

생각하는 거나 말하고 싶은 걸 이야기하면 사람들은 그걸 이유

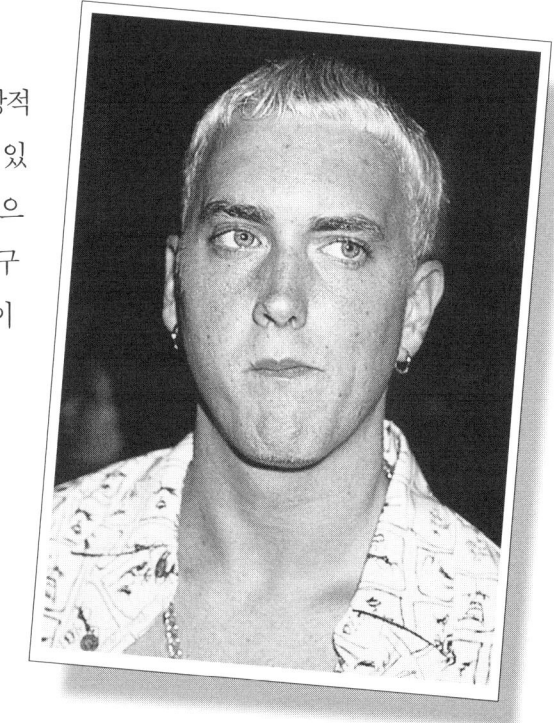

로 나를 사랑해주거나 증오한다. 그 중간은 있을 수 없다. 내가 팬들과 여러 사람들에게서 발견한 점이다. 내가 진실을 이야기하고 내 마음속에 있는 걸 털어놓기 때문에 그들은 나를 미워하거나 아니면 사랑하는 것이다.

때로는 앨범에서 내 팬들이나 가족들을 조롱한 것에 대해 후회할 때가 있다. 내 딴엔 팬들과 정상적인 삶을 사는 사람들이 보다 현실적인 방법으로 나와 친밀한 관계를 맺을 수 있기를 바랐다.

나를 만나서 사실은 나를 만나기가 두려웠다고 말하는 애들이 있다. 내가 그 애들의 머리라도 물어뜯을 거라고 생각한 모양이다. 내가 도대체 뭔데? 내가 하는 건 음악을 만드는 것뿐이다. 그건 내가 열여섯 살 때부터 줄곧 해온 일이다. 난 아무것도 변하지 않았는데,

팬이라는 사람들이 나에게 환장한 것 같다.

어렸을 때 엘엘 쿨 제이LL Cool J를 만났더라면 난 아마 너무 기뻐서 머리가 어떻게 되었을 것이다. 지금 내 팬들이 나에게 하듯 나도 그에게 그렇게 했을 것이다. 그래서 난 팬들에게 무례하게 굴지 않으려고 노력한다. 그들 입장에 서서 그들을 이해하고 내가 그 나이 때 어땠는지 기억해내려고 한다. 하지만 때때로 참을 수 없을 때가 있다. 그러면 신경이 온통 곤두선다.

난 별별 놈들에게 다 매력을 풍기는 모양이다. 그 사실을 대단하게 여기는 건 아닌데, 어떤 사람들은 정말 정신이 어떻게 된 것 같다. 편지로 자해하는 걸 좋아한다고 말하는 사람들이 있다. 그들은 악마교를 숭배하는 사람들인데, 그들이 보기에 내가 사탄과 거의 똑같다는 것이다. 스킨헤드(인종주의자)나 KKK 멤버들이 내 노래를 좋아한다느니, 내가 그들의 일원이라느니 한 적도 있다. 어렸을 때 나도 엘엘 쿨 제이나 런 디엠시Run DMC나 비스티 보이스Beastie Boys를 좋아했지만, 그들을 실제로 만난다 해도 울고불고 난리를 치거나 미친 듯이 떠들어대면서 내 존재를 알리거나 손 한번 잡아보려고 애쓰거나 하진 않았을 것 같다. 그러기엔 난 너무나 숫기가 없었으니까. 만난다는 사실만으로도 말할 수 없이 초조해졌다.

별별 놈들이 다 집에 와서 문을 두들기며 사인을 해달라거나 한판 붙자고 한다. 뒷마당으로 기어들어와 수영장에서 수영을 하는 놈들도 있다. 다른 데로 이사를 갈 생각이다.

폭력
Outrage

그것은 나보다 더 심오한 것이다. 아, 난 쇼크가 가진 미덕을 원한다. 세상에 쇼크를 안겨주고 싶다.

음악을 발표하면서 느끼는 만족의 반은 그걸 듣는 사람들의 표정에서 얻는다.

내 음악을 들으면 모두가 불쾌해질 것이다. 그 점이 더할 나위 없이 기쁘다. 마이크 부스에서 떠나게 될 마지막 날에 내가 무엇에 대해 랩을 했는지는 신경 쓰지 않을 테니까.

계집년들이 싫다. 한 번 된통 당한 후 여자들이라면 다 창녀로 보게 되었다.

내가 뭘 생각하고 있는지 꽤 많이 이야기했지만, 난 절대로 N-워드 (흑인 언어 nigger word : 역자)를 쓰진 않는다. 그건 내 사전엔 없는 말이다. 마이크에 대고 온갖 잡소리를 쏟아내는 몇몇 래퍼들과 달리 난 내 어휘들을 언제나 감칠맛 나도록 보존한다.

다음번 앨범은 좀 달라질 것이다. 더 나빠질지도 모른다. 평론가들이 나에 대해 이야기하는 걸 들을 때마다 그들이 날 헐뜯는 게 날 더 부추기고 더 미친놈으로 만든다고 생각하게 된다. 다음 앨범은 이번 앨범과는 또 다른 어딘가에 가 있을 것이다. 매번 앨범 작업을 할 때마다 난 좀더 멀리 나간다.

그래, 밀어붙였다고 할 수 있다. 하지만 더 나갈 수도 있었다. 난 언제나 그보다 더 멀리 갈 수 있다.

여자들과는 언제나 신랄한 관계를 맺어왔다. 늘 그랬던 것 같다. 하지만 내가 여자들에 대해 이러쿵저러쿵 이야기할 때, 그러니까 '개년'이니 '갈보'니 할 때의 대부분은 (그 노래의 페르소나인 : 역자) 흑백논리적인

래퍼를 극단까지 밀어붙이기 때문에 (내용이 진지하거나 정치적이라기보다는 : 역자) 그냥 우스워지는 것이다. 난 대체로 여자들을 미워하지 않는 편이다. 여자들이 날 미치게 만들 때는 있지만.

나는 사람들에게 충격을 줄 만한 말을 잘한다. 하지만 사람들에게 충격을 주는 행동은 하지 않는다. 내가 랩을 통해 거론하지 않는 건 하나도 없다. 난 성인이기 때문에 내가 생각하는 걸 말한다. 이 행성에서 얼마나 살 수 있을지 모르니까 있는 동안에 최대한 우려먹을 작정이다.

내 생각은 이렇다. 만약 내가 (미친 짓거리를) 생각할 만큼 미친 거라면 그걸 입 밖으로 꺼낼 만큼 미친 것일 수도 있다. 왜 그런 생각들이 내 머리 속에 있는 걸까? 사람들도 그런 것들을 생각하지만 말로 하지는 않는다. 만약 내가 미쳤기 때문에 그런 것들을 생각하는 거라면 미쳤기 때문에 그런 걸 말할 수도 있는 거다. 이런 식으로 난 내 모든 행동에 대한 근거를 마련한다. 내가 이런 식으로 생각할 수밖에 없는 이유가 있을 것이다. 아무런 이유도 없이 그런 말을 한다고 생각하지는 않으니까. 그래서 그걸 받아 적어 말하는 것이다.

가사를 쓸 때 내가 하는 생각들은 미친 게 아닌가 싶을 정도로 사악하다. 여자에게 화가 났다면 이 세상에서 여성을 가장 혐오하는 라임을 만들어낸다. 그건 내가 일반적으로 느끼는 게 아니라 그 순간에 느끼는 것이다. 그 날이 오늘이라면 '목발을 짚고 느릿느릿 공항을 빠져나오다 여행 가방으로 임신한 년의 배를 후려쳐' 같은 문장을 생각해낸다고나 할까?

 내가 '나가서 여자를 강간해'라고 말했다고 해서 정말 그러라는 말은 아니다. 내 말뜻은 그런 일이 이 세상에 비일비재하다는 거다.

치료
Therapy

　카운슬링을 받아본 적이 있냐고? 그 점에 대해선 걱정하지 마시라. 내 안에는 의사가 있으니까.

　가사 쓰기는 나에게 치료와 같다. 곡을 만들 때나 마이크를 잡을 때 내 노래는 나를 치료한다. 내 가슴에서 모든 걸 다 꺼내는 방식이다. 내 앨범에는 행복한 노래도 있고, 미친 노래도 있다. 그리고 농담 따윈 하나도 들어가 있지 않은 진지한 노래도 있다. "오케이, 난 내 손목을 9천만 번쯤은 그어봤어. 내 목을 따버렸어. 난 그런 걸 느끼고 있어"라고 말하는 노래들 말이다. 사람들도 직접 느낄 수 있도록 그런 노래들을 앨범에 담는다. 농담할 때와 진지할 때가 확실히 다른데 어떤 사람들은 그걸 구분하지 못한다.

　사람들이 내 음악을 싫어한다고 해서 문제가 되지는 않는다. 마음에 들지 않으면 듣지 마라. 아무도 당신한테 내 음악을 들으라고 강요하지 않는다. 내 앨범을 사서 CD 플레이어에 집어넣고 당신을 꽁꽁 묶은 다음 노래를 들으라고 강요하는 사람은 아무도 없다.

내 음악은 내 정신과 의사다. 마이크도 내 정신과 의사다. 내 말을 경청해준다. 거기에서 일단 벗어나면 난 더 이상 환자가 아니다.

나를 웃겨봐

사람들이 내게 이렇게 묻는다. "당신이 언제 농담을 하고 언제 심각한지 우리가 어떻게 알아요?" "당신은 당신이 하는 말이 전부 진심은 아니라고 말하는데, 당신이 하는 말 중 몇 가지는 진심이잖아요." 당신들은 알 수 없다. 그것이 내 비밀이니까.

정치적으로 올바르지 않다고? 그거야말로 내 유머 감각인데? 일상적인 내 모습이라고. 나도 내가 이런 걸로 돈을 벌 수 있을 거라고는 전혀 생각하지 못했다.

어떤 사람들은 내 음악을 전혀 이해하지 못한다. 그런 사람들은 그들 인생에 뭔가 모자라는 게 있는 사람들이다.

NWA가 나왔을 때 사람들이 문자 그대로 받아들였던 걸 생각해보

라. 엔터테인먼트인데도 사람들은 이해하지 못했다. NWA가 "널 총으로 쏠 거야"라고 말하면 사람들은 "맙소사, 재네들이 누군가를 쏠 건가봐" 하고 믿었다. 그 가사를 쓸 때 드레나 아이스 큐브Ice Cube 가 미쳤을지도 모르지만, 그렇다고 언제나 그런 기분이라는 이야기는 아니다. 나도 가사를 쓰는 순간은 그렇게 느낄 것 같다. 그런 기분으로 자리에 앉아서 가사를 쓰는 거다.

난 이 세상의 부조리한 것들을 모아서 찔러대며 노는 거다. 랩의 〔South Park〕 버전이라고 할 수 있다.

내가 쓴 라임의 대다수는 오로지 사람들을 웃기려고 쓴 것이다. 뇌가 반만 남아 있는 사람이라도 내가 언제 농담을 하고 언제 심각한지 구분할 수 있을 것이다.

저번 앨범을 심각하게 받아들인 사람들이라면 어느 누구를 막론하고 나보다 문제가 더 심각한 사람들이다. 심각하게 받아들여야 할지 농담으로 받아들여야 할지 어떻게 아냐고? 알 필요 없다. 그걸 알아야 할 사람은 나다.

NWA

'Saturday Night Live' 쇼에서 키어스틴 던스트와 함께

평론가들은 자주 내 음악을 다른 맥락으로 받아들이곤 한다.

젊은 사람들은 제대로 이해하는 것 같은데 나이 든 사람들은 헷갈려하며 문자 그대로 받아들이는 경향이 있다. 그래도 난 신경 안 쓴다. 나에겐 웃기는 일이 아닐 수 없다. "내 머리통에서 골수가 빠져 나왔다"라고 말하는데도 그들은 그 말을 믿으니 머리가 어떻게 된 거 아닌가? 젊은이들은 유머 감각이 있어서 참과 거짓을 가려낼 줄 안다. 아이들은 우리가 생각하는 것보다 훨씬 더 똑똑하다. 힙합에 대해선 쥐뿔도 모르는 화이트칼라만이 나에게 비난을 퍼붓는다.

유머 감각이 있는 사람이라면 누구나 내 앨범을 듣고 처음부터 끝까지 웃을 것이다.

미디어
The Media

모든 잡지들이 내 인종 문제에서 떠날 줄 모르는 걸 보면 웃긴다. 그렇지만 그들은 내 음악이 빈틈없다는 걸 알기 때문에 내 음악이 형편없다고는 절대 말하지 못한다.

힙합에 있어서 내가 디트로이트 시에서 처음으로 배출된 놈이라는 점과 그 때문에 엄청난 증오의 대상이 되고 있다는 점은 기가 막힌 일이다. 정말 기가 막힐 노릇이다. 나를 증오하는 사람들은 슬림 셰이디가 그런 걸 만들었다는 사실에 환장한다. 그들은 전체를 보지 못한다. 그들이 디트로이트 시에서 자랐다면 지금 돌아가는 꼴을 제대로 알아챌 것이다. 내 말과 행동의 이유를 알게 될 것이다.

인터뷰 때마다 사람들은 "당신의 가사는 너무 지독해요. 폭력과 여성 혐오로 가득 차 있어요"라고 말한다. 그렇지 않으면 이건 흑이고 저건 백이라고 떠든다. 하지만 "음악 좋아해요? 그 음악 괜찮아요?"라고 묻는 사람은 하나도 없다.

여기 영국 잡지들과 신문들은 쓰레기다. 우린 40분 정도 공연을 했는데 한 신문에선 고작 20분이었다고 하고 또 한 신문에선 15분이었다고 했다. 난 한 앨범 분량의 노래를 부르고 두 번의 앙코르를 받아 40분간 공연했다. 그러니 한 앨범에 있는 노래를 다 한 셈이고, 거기에 더해 프리스타일 몇 개랑 앙코르까지 한 것이다. 당신들(기자들) 말이야, 뭐 문제 있는 거 아닌가? 혹시 다들 진짜 병신 아냐?

— 영국 공연 후 영국 매체와의 인터뷰 중 : 역자

시답지 않은 질문에 내가 왜 대답해야 하는 거지? 왜 아무도 더 이상 화를 내지 않는 거지? 스파이스 걸 멤버들 중 누구에게 임신시키고 싶냐고? 닥터 드레랑 일하는 게 무슨 도움이 되냐고? 내 거시기가 얼마나 크냐고? 11.5센티미터다, 어쩔래!

내 음악 중 어떤 곡이

나를 가장 잘 설명해주는지는 나도 모른다고! 'I Don't Give A Fuck'이 아닐까 싶은데, 나에 대한 노래이자 기본적으로 당신 같은 작자들에 대한 이야기이기 때문이다.

어젠 커트 로더Kurt Loder가 MTV 일행을 데리고 왔다. 나는 그를 데리고 이제는 다른 사람들이 살고 있는 내 옛날 집에 갔다. 그는 내가 옛날에 살았던 곳을 방송에 내보내기 위해 MTV 촬영팀을 불렀다. 그리고 그 집에 살고 있는 사람에게 날 소개시켰다. 그 집 주인은 우리 엄마였다. 나에겐 아무것도 숨길 게 없다. 내가 어디 출신인지 알고 싶다면 거기에 가봐라. 당신에게 모든 걸 보여줄 것이다.

MTV는 나를 엄청나게 사랑해주었다. 그들은 나에게 정말로 대단한 애정을 가지고 있다. 처음부터 지금까지 전폭적으로 지지해주었다. MTV는 순식간에 라디오 방송을 뛰어넘었다. 비디오도 마찬가지였다. 'My Name Is'의 뮤직비디오 초고를 완성하기도 전에 완전히 장악해버렸다. 마치 '빨리 끝내! 지금 당장 방영하고 싶단 말이야!'라고 말하는 것 같았다. 이틀이 지나기 무섭게 (내 노래를) 방송했다.

나는 지금까지 내가 알고 있는 어느 래퍼들보다 더 많은 공격을 받았다. 처음엔 정말 화가 났다. 내가 읽은 기사는 왜 죄다 논쟁거리와 가사에 담긴 내용만 가지고 떠들어대는 건지. 그때 난 이렇게 생각했다. '왜 내 재능부터 봐주지 않는 거지?' 언제쯤 돼야 사람들이 내 음악이 얼마나 공을 들여 나온 것인지, 그러기 위해 얼마나 오랜 시간을 들였는지 알게 될까? 나는 내내 열을 받고 있다가 어느 순간 뒤로 물러나 '젠장, 될 대로 돼버려라'라는 심정이 되었다. '사람들이 맞을지도 몰라. 내가 진짜로 맛이 간 건지도 모르지.'

명예와 부
Fame & Wealth

쇼크를 받은 정도는 아니었지만 내겐 새로웠다. (성공과 부에 대해선) 들어오는 대로 받아들이고 있다.

내 손으로 제어할 수 있는 한 성공에 대해서는 쿨한 태도를 유지한다. 균형을 유지하기 위해 애를 쓰고 있다고 할 수 있다.

레코드에서는 머저리처럼 굴 수 있지만 대중을 상대로 하는 경우에는 예전처럼 그런 식으로 모면할 수가 없다. 내가 누굴 때리기라도 하면 그 사람은 부자가 된다. 누가 나에게 신체적으로 상해를 주거나 시비를 걸어도 입을 다물고 있어야 한다. 그 사람을 한 대 친다든지, 2년 전처럼 행동할 수가 없다. 나를 봐주는 사람들이 내 대신 처리해주고 있다.

나는 많은 것들을 닥치는 대로 감내했다. 정말 많았다. 그렇게 살다 보면 하루하루 연명할(?) 요령도 생기기 마련이다. 성공이 다가왔을 때 나는 깊이 심호흡을 하고 '해냈어!'라고 생각했다.

사인을 해달라거나 사진을 같이 찍자는 요청을 받는 건 안 받는 것보다 낫다. 그렇다고 24시간 또는 일주일 내내 명예를 즐긴다고는 말할 수 없는 노릇이다. 난 거짓말은 안 한다.

내가 아는 연예인들 중 사시사철 권총을 소지하고 다니지 않는 사람은 없다. 등록이 되어 있건 안 되어 있건 상관없다. 권총 없이 죽는 것보다 권총을 가진 상태에서 붙잡히는 게 나으니까. 난 더 이상 권총을 소지할 수 없게 되었다. 현재 상황 때문에 그렇다. 하지만 연예인들은 스스로를 보호해야 한다.

정말 그럴 땐 속이 뒤집힌다. 몇몇 여자들이 내가 근사하다고 떠들어대며 내 무릎에 앉을 때마다 난 이렇게 생각한다. '내가 유명하지도 않고 가진 게 몸뚱이밖에 없다면 넌 내 얼굴을 두 번 다시 안 쳐다볼 텐데 말이야. 아니 단 한 번도 안 쳐다볼걸?'

정말 미치고 펄쩍 뛸 것 같은 건 날 열 받게 만드는 사람들에게 한 방 날려줄 수가 없다는 사실이다. 우린 우리가 하고 싶은 대로 할 수가 없다. 아무리 하고 싶다 해도.

정말 어려운 일이다. 누가 길거리에서나 할 것 같은 투로 나에게 모욕을 가하면 곧바로 보복하고 싶다. 하지만 그럴 때도 성질을 죽여야 하고, 온갖 같잖은 말을 참고 들어줘야 한다.

어디든 널려 있는 별 볼일 없던 놈에서 눈 깜짝할 사이에 지금의 나로 변했다. 'My Name Is' 비디오를 찍은 날부터 모든 게 엄청나게 빨리 변했다. MTV의 'Buzz Clip'에 (그 뮤직비디오가 : 역자) 나오자마자 터무니없는 일들이 벌어지기 시작했다. 다시는 내 여자를 보지 못할 꼬락서니가 되어 고향을 벗어나자마자, 가는 곳마다 온갖 여자들이 내게 몸을 던져대는 팔자가 되었다고나 할까. 꼭 영화 같았다. 영화에서나 볼 수 있는 광경들이 실제로 눈앞에 펼쳐졌다.

유명해지고 싶다고? 명성은 내가 추구하는 것이 아니다. 난 인정받고 싶다. 인종 문제를 뛰어넘어, 사람들이 생각하는 온갖 잡스러운 것들을 뛰어넘어 나를 봐주길 바란다. 그런 것들을 모두 뛰어넘어 인정받고 싶단 말이다. 명성이란 게 온갖 허접쓰레기와 함께 온다고 해도 난 받아들일 것이다. 인정이 내 딸을 밥 먹여주는 건 아니니까. 명성, 돈 그런 게 내 딸을 먹여 살릴 테니까. 어쨌거나 긴 안목으로 보면 난 그런 것에 속해 있다. 이 일을 할 수 있는 한 계속해서 해나갈 거다. 다른 데로 가지 않을 거다.

요즘 인생이 어떻게 달라졌냐고? 호주머니에 돈이 있다는 게 달라진 것이다. 먹고 싶을 때 호주머니에서 돈을 꺼내면 된다는 것 외에는 아무것도 달라지지 않았다. 그 사실만 빼면 실제로 아무것도 달라진 건 없다. 난 요즘도 랩을 하기 위해 하루 종일 스튜디오에 처박

혀 있다.

　난 아무도 믿지 않는다. 누굴 만나더라도 다들 나를 에미넴으로 여기니까. 그들은 마샬 매더스로서의 나에 대해서는 알지 못한다. 나도 그들이 날 만나는 게 내가 좋아서인지, 내가 유명해서인지, 나에게 뭔가 우려낼 게 있을까 싶어서인지 모르겠다.

　돈은 좋지만 돈 쓸 시간도 제대로 내지 못하는 형편이다. 돈에 대해서는 연연해하지 않는다. 그보다는 지금 내가 하는 일을 좋아한다. 부자가 되려고 랩을 시작한 건 아니니까. 사람들에게 끝내준다는 말을 듣고 싶어서 랩을 시작했다. 물론 난 돈을 원한다. 돈은 좋은 거니까. 하지만 내가 돈만 벌고 인정받지 못한다면 그 따위 걸 왜 하겠는가? 인정받는 게 나에겐 더 큰 의미가 있다.

난 무스탕과 익스플로러를 가지고 있다. 벤츠나 보석 같은 건 필요 없다. 그런 건 나에게 어울리지 않는다. 그런 건 영원할 수 없다. 난 어깨에 집을 짊어지고 손목에 자가용을 차고 다니고 싶지 않다. 그보다는 좀더 제대로 된 것에 투자하고 싶다. 내 딸이 제대로 대학을 다니고, 내가 갖지 못했던 기회를 누릴 수 있도록 해주고 싶다. 그래서 돈을 주식과 채권에 투자한다. 내 소유의 레코드 레이블이 있으니 내가 원하는 방식대로 일을 할 것이다.

성공했다고 말해도 무방하지만 난 백만장자는 아니다. 사람들은 TV를 보고 내가 실제로 가진 것보다 더 많이 가지고 있다고 착각한다. 물론 내 평생 이 정도로 많은 돈을 만져본 적은 없지만 그렇다고 내 미래가 보장됐다고 생각하지는 않는다. 내가 진정 도달하고 싶은 지점까지 가기 위해서는 난 아직도 더 많이 노력해야 한다고 생각한다. 아직도 두 번째 앨범 작업이 남아 있고, 잘 하면 연기 경력도 쌓을 수 있을 것 같다.

내가 정장을 입은 걸 본 사람은 아무도 없을 거다. 근사해 보이지는 않겠지만 편안한 옷이 좋다. 청바지나 티셔츠 같은 게 가장 편하다. 그래서 사람들 앞에서도 그런 옷만 입는다.

현재의 위치에 대해 감사하게 생각하지만 거기엔 장단점이 있기 마련이다. 너무 바빠서 사적인 삶은 거의 갖지 못하는 게 단점이지만 명성과 성공에 대한 대가라고 생각한다. 갈수록 일이 힘들어진다는 의미에서가 아니라 재정적인 의미에서 그렇다는 소리다. 이제는 일의 개념이 더 큰 편이고 앞으로 해야 할 것도 많다.

인터스코프(에미넴의 레코드 레이블)는 좋은 레이블이다. 나에겐 완벽한 레이블이라 할 수 있다. 다른 레이블과 일했다면 절대로 현재의 위치에 이르지 못했을 것이다. 인터스코프는 논쟁적인 일들을 처리하는 데 달인의 경지에 올라 있다. 그들은 무엇을 해야 하는지 알고 있었기 때문에 나를 제대로 마케팅할 수 있었다. 거기에 드레가 합세해 신뢰도를 높여주었다. 처음 이 바닥에 발을 들여놓았을 때 나는 사람들이 날 진지하게 받아주길 바랐다. 인터스코프 이전에 규모가 작은 레이블과 계약했었다. 조금씩 팔리긴 했지만 수십 장 단위로 팔린 건 아니었다. 하지만 어쨌거나 조금씩 팔리기 시작했고, 우리가 찍은 인디 테이프를 통해 소문이 나기 시작했다.

처음엔 명성을 원했고, 좀더 나은 삶을 살고 싶다고 생각했다. 그런데 갑자기 모든 애들이 환호를 보내고 모든 여자들이 내 앞에 무릎을 꿇었다. 너무나 순식간에 일어난 일이라 생각할 겨를도 없었다. 하지만 곧 그건 내가 원하는 것이 아니라는 사실을 깨닫게 되었다.

진실을 말하자면 명성은 처음부터 예정된 것이 전혀 아니었다. 명성은 노력이라는 말은 다 개똥같은 소리다. 내 라이프 스토리, 내 인생은 이제 대중의 구경거리 되고 말았다. 그 따위가 날 행복하게 해

줄 리가 없다. 법칙에도 예외는 있는 법이다. 나를 좋아하는 모든 팬들에게 정말 감사하고 있지만, 다른 한편으로는 난 행복하지 못하다. 인종주의와 나에 대한 비판과 지극히 사적인 것들에 대해 병신 같은 질문만 하는 잡지 기자들을 감당해야 한다. 그러면서도 나에 대해 일종의 프라이버시를 지켜야 한다. 내 어떤 건 다른 사람들이 알 바 아니니까.

끝도 없이 나가는 돈을 충당할 능력이 전혀 없는 상태에서 출발해 지금은 뭘 해야 할지 생각해낼 수 있는 것보다 더 많은 돈을 가지고 있다. 딸아이가 원하는 건 언제든지 사줄 수 있다는 게 최고로 기쁘다. 그때야말로 내가 돈을 가지고 뭘 해야 하는지 알게 되는 때다. 난 음악을 좋아하고 음악을 녹음하면서 즐거운 시간을 보내지만 이기주의자는 아니다. 음악으로 돈을 벌 수 없다면, 음악이 우리 가족들에게 밥상을 차려줄 수 없다면 계속해서 음악만 하고 살지는 않을 것이다.

내가 하는 어떤 것도 더 이상 사적인 것이 아니다. 사람들이 나를 쳐다보고 있을 땐 우리 안에 갇힌 원숭이가 된 기분이 든다. 〔The Eminem Show〕의 전체 컨셉트는 이거다. '세상이 쇼를 원한다면 여기 있으니까 먹고 떨어져. 이게 나의 쇼야.'

경찰 관할 구역에서 고발당했을 때, 경찰들이 나를 검거하는 와중에 사인을 해달라고 했다. 그래서 해줬다. 그들에게 사인을 해줬다고. 하지만 속으론 이렇게 생각하고 있었다. '내 인생도 완전히 개판

이군. 저들은 내가 인간도 아닌 것처럼 쳐다보고 있고. 난 걸어다니는 스펙터클이야.'

개나 소나 나보다는 나은 삶을 살고 있다. 그들이 사는 집을 보면 내 집은 똥통 같다.
　-MTV에서 방영한 'MTV Cribs Episodes'(미국 명사들의 집을 방문해 그들의 라이프 스타일을 보여주는 프로그램 : 역자)를 보며

키드록이 그의 레코드 레이블에서 크리스마스 선물로 프레지덴셜 롤렉스를 줄 거라고 말했다. 그래서 나도 내 레코드 레이블에 전화를 걸어 "키드록은 크리스마스 선물로 번지르르한 프레지덴셜 롤렉스를 받는다는데 나는 고작 사촌들에게 줄 CD 한 상자밖에 없는 거요?"라고 말했다. 하지만 그건 순전히 농담이었다. 난 금붙이 같은 건 좋아하지 않는다.

영향
Influences

내가 아홉 살이었을 때, 삼촌 로니가 〔Breaking〕 사운드트랙을 들려주었다. 내가 생애 최초로 들은 랩은 아이스 티의 'Reckless'였다. 엘엘 쿨 제이와 팻 보이스Fat Boys 등에 매료되었다. 엘엘 쿨 제이가 'I'm Bad'와 함께 처음 등장했을 때 나도 그처럼 라임을 해보고 싶었다. 거울 앞에 서서 흥내를 내며 엘엘 같은 사람이 되길 바랐다.

투팍에겐 자신의 고통을 공감하게 하는 탁월한 재능을 가지고 있었다. 나도 사람들을 울리고 공감

LL COOL J

하게 할 수 있었으면 좋겠다.

투팍은 긍정적인 노래, 부정적인 노래, 분노의 노래를 만들었다. 아니, 그가 그 시점에 겪고 있는 느낌에 따라 노래를 만들었다. 모름지기 작가란 그래야 한다.

내 라임에서 비스티 보이스는 절대 언급하지 않을 작정이다. 그들이 들어도 내가 그들을 헐뜯는 건지 아닌지 알게 하고 싶지는 않다. 물론 나는 비스티 보이스를 사랑한다. 그들의 음악을 들으며 컸으니까. 다른 래퍼들도 마찬가지지만.

처음 비스티 보이스를 들었을 때 난 그들이 백인이라는 걸 알지 못했다. 다만 내가 그때까지 들어본 음악 중 제일 끝내준다고 생각했다. 아마 내 나이 열두 살 때였을 것이다. 그러다 뮤직비디오를 보고 그들이 백인인 걸 알게 되었을 때 '와우, 나도 할 수 있겠는걸!' 하고 생각했다.

NWA

비스티 보이스는 나에게 실질적인 영향을 끼쳤다고 할 수 있다. 그들의 음악을 듣고 '이거 정말 끝내주는데!' 하고 생각했다. 그때 랩을 해야겠다고 결심했다. 골목에서 라임을 하며 노는 애들 주변을 어슬렁

거리면서 그들과 어울리려고 했지만 번번이 무시당했다. 피부색이 문제가 되기 시작했다. 그 문제는 나이가 들어 클럽을 전전하게 되었을 때 더 고약해졌다. 당시만 해도 난 실력이 좋은 편은 아니었지만 라임을 할 줄 알았기 때문에 단상에 올라가 마이크를 잡기도 했는데, 몇 번은 야유를 받고 단상에서 쫓겨나기도 했다.

자라면서 엘엘 쿨 제이가 되고 싶었고, 런 디엠시가 되고 싶었고, 애드록Ad-Rock이 되고 싶었고, 빅 대디 케인 Big Daddy Kane이 되고 싶었다. 나와 내 친구들은 거울 앞에 서서 (좋아하는 래퍼들을) 흉내

내곤 했다. 그러면 동네 아이들이 와서 구경했다. 우린 모든 가사를 다 외우고 있었다.

투팍은 한때 내가 가장 좋아하는 래퍼였다. 투팍은 감정을 살릴 줄 아는 MC이자 래퍼다. 새로 만드는 음악에서 나도 그렇게 하고 싶다.

중요한 건 난 상업적인 래퍼가 아니라는 사실이다. 내 시장은 언더그라운드를 아우르고 있다. 언더그라운드 힙합 마니아들이 좋아하면 난 인기를 끌게 될 것이다. 우탕클랜Wu Tang Clan도 그랬다. 라디오에서 그의 음악을 거의 들을 수 없었지만 언더그라운드의 입소문을 통해 뜨지 않았나.

자라나면서 나는 NWA의 열광팬이 되었고, 닥터 드레나 아이스 큐브가 되고 싶은 마음에 선글라스를 쓰고 거울을 보며 (그들의 음악을) 립싱크했다.

내 생애 최초로 들은 힙합 음악은 〔Breaking〕 사운드트랙의 'Reckless'라는 노래였다. 내가 아홉 살 때였나, 하여간 그렇게 어렸을 때 사촌이 들려주었다. 수많은 아시아 애들과 흑인 애들이 브레이크 댄스에 빠져 있던 시절이다. 그들에겐 언제나 팻 보이스나 엘엘 쿨 제이의 최신 랩 음악 테이프가 있었다. 전에 한 번도 들어본 적이 없는, 믿기 힘든 음악이었다.

영향? 내 딸이야말로 나에게 지대한 영향을 미치는 것 같다. 펜을

쥐고 앉아 있을 때 말이다. 부득이하게 영향을 줄 수밖에 없다는 소리가 아니다. 내가 음악을 하는 대부분의 이유는 그 아이를 위해서다. 랩 게임으로 원하는 돈을 벌 수 있다면 그 애를 대학에 보낼 수 있을 거라고 생각한다. 하지만 나도 잘 모르겠다…. 영향이라…. 어떻게 말해야 할지 모르겠다. 그 따위 것들이 뭐 대수라고. 모르겠다, 나도. 내 마음은 다른 사람들과는 다른 식으로 마음이 움직이는 모양이다.

내 방의 벽은 *Word Up!* 이나 *The Source* 같은 랩 잡지에서 뜯어낸 포스터로 도배되어 있다시피 했다. 벽이 하나도 안 보일 정도로 온통 포스터뿐이었다. 엘엘 쿨 제이, 빅 대디 케인 등등.

무대에서 : 관객들과의 만남
On Stage : Facing His Audience

내가 무대에 서면 머저리 같은 자식들이 오렌지 같은 걸 집어던졌다. 그 자식들은 메이저 리그 투수처럼 팔 힘이 셌다.

내가 마이크를 잡기가 무섭게 그들은 야유를 보냈다. 하지만 일단 라임을 시작하면 입을 다물었다.

쇼를 하는 도중에 때때로 관객 중에서 한 사람을 무대 위로 불러내 랩 배틀을 벌였다. 그들을 바보로 만들 심산이었다. 그런데 어떤 사람들은 내가 더 이상 배틀을 하지 않는다고 생각한다. "앨범이 더블 플래티늄을 기록하더니 에미넴은 더 이상 배틀을 하지 못한다"는 거다. 다 개소리다. 요즘에도 난 재미삼아 배틀을 한다. 그 시절, 그러니까 언더그라운드에서 부상할 무렵, 내게 랩 배틀은 죽기 아니면 살기와 같았다. 랩 올림픽에서 우승하지 못하면 누구든 한 놈을 죽여버리겠다고 작정할 정도였다. 우승자에겐 500달러의 상금과 롤렉스를 줬다. 그 당시 집에서 쫓겨난 신세였던 터라 내겐 정말로 그 돈이 필요했다. 지금은 재미로 한다.

내 최악의 공연은 샌프란시스코에서 벌어졌다. 어린 놈들이 맨 앞줄에서 싸움을 해대는 통에 랩을 멈출 수밖에 없었다. 그들에게 그만 하라고 말하고 다시 쇼를 시작하려는데 그 자식들이 또 싸우기 시작했다. 난 화가 나서 "야 이 새끼들아, 그만 좀 싸워!"라고 소리쳤다. 그랬더니 그 자식들이 '아, 그러셔? 더 싸우면 어쩔 건데?' 하는 표정으로 나를 꼬나보았다. 난 그 놈들에게 달려들어 주먹질을 하기 시작했다. 그들은 나를 짓밟았다. 그러자 우리 쪽 사람들이 달려와 그들을 패기 시작했다. 정말 개판이었다. 곧 경찰에 체포될 거란 생각이 들 만큼.

돈 벌기 위해 일하는 건 좋다. 나도 밖에 나가 관객들을 상대로 돈 버는 게 좋다. 그런 때야말로 내가 일을 하고 있다는 생각이 드니까. 단순히 무대에 올라가 한 자리에 꼼짝 않고 서 있어도 관객들은 그게 나라는 이유만으로 공연 내내 마냥 사랑해준다는 소리가 아니다. 난 모두를 즐겁게 해주고 싶다. 관객

들 한 명 한 명과 긴밀하게 통한다는 느낌을 갖고 그들과 이야기하고 그들과 눈을 맞추고 싶다. 그리고 그들이 어떤 느낌을 갖고 있는지 제대로 보고 싶다. 그들은 내 앨범을 사주는 사람들이고 내가 가는 길을 후원해주는 사람들이다. 그러니까 항상 팬들과 교감해야 한다.

만약 팬들이 찍 소리도 하지 않으면 나도 그대로 응대할 것이다. 관객들이 뭘 하건 나도 그대로 받아칠 것이다. 관객들이 아무런 반응도 보이지 않는다면 음악을 멈추고 "이봐, 날 못 느끼는 거야?"라고 물어볼 것이다. 뭔가 집어던지거나 싸움을 걸어온다고 해도 난 그대로 받아칠 것이다.

어딜 가나 꼭 한 명씩 난봉꾼이 있기 마련이다. 아니면 나에게 뭔가 말하고 싶거나 가슴에 사무친 원한을 가진 사람이 있기 마련인데, 그런 사람이 행패를 부릴 땐 평상시처럼 대응할 수가 없다. 보통 평상시대로 하는 편이지만, 상황이 아주 고약해지면 누군가가 말려야 한다. 그래도 난 하고 싶은 말을 한다. 그런 게 마음에 들지 않는 사람은 듣지 않으면 된다.

무대 위에 올라가면 오랜 투어 때문에 목소리가 갈라지거나 아예 나오지도 않을 때가 있다. 미끄러져 넘어지거나 코드에 걸려 넘어질 때도 있다. 정말이지 별별 일이 다 일어난다. 무슨 일이 일어날지 알 수는 없지만 결국 일어날 일은 일어난다는 걸 사람들은 잘 모른다. 우리도 당신들과 똑같은 인간이다. 그런데도 사람들은 우리가 그저 보통 사람이라는 사실을 깨닫지 못한다.

섹스, 약물, 랩앤롤
Sex, Drugs, Rap'n'Roll

약 하지 마세요. 피임 없는 섹스는 하지 마세요. 폭력도 쓰지 마세요. 그런 건 모두 나에게 넘겨!

난 또 다량의 나이퀼NyQuil과 바이버린Vivarin을 먹었다. 그래서 사방에 다 토했다.

엑스터시, 맥주, 바카디Bacardi, 마리화나, 펩토 비스몰Pepto Bismol, 바이버린, 텀스Tums, 타가멧 에이치비Tagamet HB, 자낙스Xanax, 발륨Valium을 하루에 다 집어삼

키지 말 것. 밤에 잠이 잘 안 온다.

　예전에 난 절대로 귀여운 타입이 아니었는데 갑자기 온갖 여자들이 나한테 몸을 던진다. 나로선 정말 환장하게 괴상한 일이 아닐 수 없다.
　내 불알은 커요. 어마어마하게 크죠. 코끼리 불알 알죠? 내 불알이 그만해요.

　다들 내가 왜 그렇게 여자들을 혐오하고 그들에게 폭력을 일삼는 가사를 써대는지 궁금해하는데, 지금 이 순간 여자들을 그다지 높게 평가할 마음이 없다.

　팝필poppill(알약 형태의 엑스터시나 메타 암페타민 : 역자)을 해본 적이 있다고 말하는 건 부끄럽지 않다. 그건 내가 아는 누군가가 나에게 "음, 그건 말이야…"라고 소개하는 것과 다르지 않다.

　다음 앨범 수록곡 중 두 곡은 엑스터시에 취해서 썼다. 벽을 딛고 뛰어다니고, 벽을 통과하고, 20층 높이에서 뛰어내리는 그런 내용의 가사다. 한마디로 미친 짓거리. 스튜디오에 있을 때 드레와 내가 하는 짓은 죄다 미친 짓이다. 스튜디오에 들어가면 우린 완전히 취한 것처럼 이틀 동안 꼼짝없이 처박혀 일을 한다. 그리고 3일은 죽은 듯 잠만 잔다. 그러다 깨어나 '내가 무슨 짓을 했는지 한번 들어나보자' 하는 심사로 테이프를 데크에 집어넣는다.

라임을 쓸 땐 스토리를 굴리기 위해 마리화나를 피우거나 타이레놀이나 근육 이완제를 먹는다. 무대에 올라갈 땐 바카디나 헤네시를 마시거나 엑스터시를 먹는다. 하지만 마리화나의 경우 반만 피우고 술은 3분의 1 정도만 마신다. 통째로 들이키면 맛이 간다. 눈알을 굴리며 침을 질질 흘리고 난리도 아니다.

'슬림 셰이디 투어' 때 밤마다 미친 듯이 엑스터시를 했다. 마리화나도 한 번에 한 대를 다 피웠다. 그러니까 막판에 몸이 정말 힘들어지더군.

정신을 잃어 호텔로 옮겨진 후 깨어났을 때 땅이 꺼질 정도로 심한 두통에 시달렸다. 압생트Absinthe(쓴 쑥으로 맛들인 프랑스제 독주 : 역자)의 뜻은 분명 '정신이 나가다absent in the head'일 거다.

난 힙합에 파멸을 불러들일 것이다. 나랑 어울렸던 래퍼들은 하나도 빠짐없이 약물에 중독될 테니까.

주목받는다는 사실에 병적으로 집착한다. 섹스에 관해서는 탐욕스럽다. 난 모든 여자를 원하고, 원하는 대로 되지 않으면 바닥에 쓰러져 내 발을 걷어차기 시작한다. 여자들에 대해선 다소 불안정한 행동을 보이는 편이다.

내 최고의 판타지? 수많은 여자들이 근사한 샹들리에 대롱대롱 매달려 있다가 김이 모락모락 나는 뜨거운 풀장에 벌거벗고 누워 있는 내 위로 떨어지는 것.

엑스터시의 위대함은 끝났다. 엑스터시는 이제 특제 약품에 불과하다. 엑스터시를 끊자마자 머시룸mushroom도 끊었다. 나를 약물 중독자로 아는데, 난 레드 핫 칠리 페퍼스Red Hot Chilly Peppers가 아니다. 내 나름대로 딱 정량만 한다. 여러분들도 뭔가 해보거나 하지 말라는 이야기가 아니다. 최근 헤로인이나 크랙을 한 적이 있냐고? 난 그런 건 절대 손대지 않는다.

내 음악을 통해 말하는 건 사람들에게 전달되길 바라는 메시지이지만, 어떤 건 나만의 비밀로 숨길 것이다. 그렇지 않으면 모두가 나에 대해 속속들이 알게 될 테니까.

아웃사이다즈Outsidaz(에미넴의 서포트 액트 : 역자)가 여자들이랑 이러고저러고 지낸 이야기를 들려주었다. 그들 말로는 "오, 너희들 에미넴을 만나고 싶어? 그렇다면 우리부터 빨아줘야지"라고 말했다는 거다. 그들과의 투어는 정말 장난이 아니었다. 아웃사이다즈는 정말로 난잡했다.

성병, 헤르페스, 매독, 에이즈 빼고 내가 겪은 고통들은… 잠깐,

내가 지금 뭔 소리를 지껄이고 있는 거야? 내 문제에 대해 당신들이 알아야 한다고 생각하는 근거가 뭐지? 난 약을 하는 게 나쁜 건지도 몰랐어. 열두 살 난 여자애를 겁탈했을 때도 그랬지. 그 두 가지가 지금까지 내가 겪은 최악의 곤경이었다. 물론 둘 다 뒷구멍으로 모면했지만.

새 앨범의 몇몇 곡은 엑스터시에 취해서 썼다. X(엑스터시)는 모든 걸 부풀린다. 누가 날 힐끗 보기만 해도 테이블을 뒤집어엎고 "지금 어딜 꼬나보는 거야?"라고 소리치게 되니까. 기분이 좋을 땐 모두를 사랑하게 되지만 기분이 나쁠 땐 꼬일 대로 꼬여서 훌쩍거리게 된다. 지금까지 해본 약 중 최고로 힘들었던 게 엑스터시와 머시룸이다.

코카인이나 크랙이나 헤로인처럼 센 것들은 절대 하지 않는다. 딱 한 번 코카인을 해봤을 뿐이다.

내 팔에는 머시룸의 문신이 있다. 그렇게 과시해야만 속이 풀릴 것 같았다. 그 후 나는 더 이상 머시룸을 과도하게 먹지 않았다. 그렇지 않으면 완전히 정신이 나가버리기 때문이다. 약물 때문에 여러 번 고비를 넘겼다. 한 달 건너 한 번은 다른 종류의 약물을 해봤다. 심하게 했을 때는 다시는 안 하겠다고 마음먹었지만, 조금 시간이 지나면 또다시 손을 대게 되었다. 머시룸을 먹으면 난 미친놈처럼 킬킬댄다. 뭐든 보는 대로 킬킬거린다. 지나치게 많이 웃는 건 유쾌한 일이 못 된다.

약물 끊기

(약물을 하지 않으면) 내 음악이 안 좋아질 거라고 생각했다. 마리화나나 약물이 음악을 만들어내는 능력을 확장시켜 준다고 생각한 때도 있었다. 하지만 곧 약물 없이도 할 수 있다는 걸 알게 되었다. 나에게 일어난 모든 일은 허울을 쓴 축복이었는지도 모른다.

외부에서 본 에미넴
Eminem From The Outside

그의 목소리와 그가 하는 이야기가 좋았다. 확실히 뭔가 달랐다. 많은 사람들이 그의 음악을 들어야 한다는 생각엔 의심할 여지가 없다.

— 닥터 드레

그의 노래는 웃기다. 하지만 폭력성은 늘 웃기지만은 않다. 가사가 어떻게 전달되느냐에 따라 달라지는 것 같다. 어떤 사람들은 그가 쓴 가사의 유머를 이해하지 못할지도 모른다. 하지만 마음에 들지 않는 사람들은 그의 음악을 듣지 않으면 된다.

— 데이비드 데이비스 David Davies (영국 에미넴 웹사이트의 웹마스터)

그 앤 더 이상 나빠질 수 없을 만큼 나쁜 애가 되었다. 나에게 험한 말을 하면서 화를 내고 버릇없이 군다. 도대체 그 애한테 뭐가 씌

왔는지 알 수가 없다. 손자 놈이 그런 쓰레기 같은 노래로 이 세상을 떠난 내 아들을 망치는 걸 가만히 보고만 있진 않을 것이다. 그 앤 유명해지고 싶어서 서글픈 노래를 부르는 가증스러운 놈이다.

— 베티 크레슨 Betty Kresin (에미넴의 할머니)

어떤 친구가 나에게 그러더군요. "데비, 당신 아들이 세상에 이런 것까지 이야기하고 있어요."

— 데보라 매터스 브릭스 (에미넴의 어머니)

정말 어불성설이다. 흑인이 컨트리 앤드 웨스턴을 하는 것과 같다고나 할까? 내 주변 사람들이 나에게 이것저것 이야기한다. "걔는 푸른 눈이야. 백인 애라고." 하지만 피부가 자주색이라고 해도 난 신경 쓰지 않는다. 재능만 있다면 어떤 사람과도 함께 일할 것이다.

— 닥터 드레

그는 서스펜스로 가득 찬 래퍼다. 그의 가사를 수긍하건 말건 상관없이 그는 스타다. 그는 메이저다.

— 미시 엘리엇

때때로 그는 걱정이 가득한 얼굴로 말했다. "그년이 내 딸을 데려가더니 얼굴도 보지 못하게 해요. 어

미시 엘리엇

떻게 해야 할지 모르겠어요. 뭘 어떻게 해야 하는 거죠?"

— 마이크 마주어Mike Mazur
(1993년부터 1997년까지 에미넴이 일했던 식당 '길버트 로지' 사장)

여기저기 전전하며 배교자 같은 삶을 살다 보면 어느 순간 한 건 해낸 것 같을 때가 있다. 찰나긴 하지만 정말로 멋진 순간이. 래퍼들에게 진정성은 강박관념이다. 에미넴은 그런 강박관념을 갖고 살려고 노력하지만 그 때문에 곤경에 처하기도 할 것이다. 세상이 그를 주시하고 있다는 걸 난 알고 있으니까.

— 윌리 디Willie D(게토 보이스Geto Boys 멤버)

그러니까 "백인은 점프를 할 수 없다"는 말과 같았다. 모두가 그를 쉽게 쓰러뜨릴 수 있을 거라고 생각했지만 그는 매번 그들을 멋지게 해치웠다.

— MC 프루프(동창)

더 이상 그가 마이크를 붙잡고 배틀을 하는 것이 낯설지 않게 되었다. 그건 그가 투쟁 끝에 얻어낸 권리였다.

— 스웨이Sway(로스앤젤레스 라디오 디제이)

엘비스 프레슬리가 여러 음악을 접목했던 것과 똑같은 방식이라고 말할 수 있다. 에미넴은 매우 진지하게 힙합에 접근하되 보다 록 큰롤적인 감각을 접목했다. (엘비스를) 베꼈다거나 흉내냈다는 말이 아니다. 힙합의 심층부에 있기 때문에 제대로 통합할 수 있고 뭔가 색다른 것을 만들어낼 수 있다는 말이다. 사람들이 그의 음악에 반응하는 것도 그 때문이라 생각한다. 결과적으로 에미넴은 너무나 탁월하다.

— 앨런 라이트 Alan Light (〈스핀〉지의 에디터)

그는 백인이고 그도 자기가 백인이라는 사실을 안다는 점에서 그의 음악을 사랑한다. 그는 자연인으로서의 자신 그 자체를 보여준다. 무엇을 주제로 랩을 하든지 그가 실제로 겪은 것을 노래한다. 그런 건 화낼 일이 아니다.

— 미시 엘리엇

그는 우리 패거리들의 봉이었다. 우리 중에서 아주 많은 애들이 그 애를 괴롭혔다. 왜 이지메라고 하지 않나? 때때로 그 애도 자기 기분에 따라 맞설 때가 있었다. 한번은 쉬는 시간에 머리를 툭 쳤을 뿐인데 그 애가 쓰러져서 움직이지 않았다. 그래서 도망쳤다. 그러고 나서 그 애가 얼음에 미끄러져 넘어졌다고 거짓말했다. 그 놈은 난폭한 놈이었지만 그 당시 우린 걔가 바보라고만 생각했다. 잠깐, 그 자식 전화번호 알아?"

— 디 안젤로 베일리(동창)

내 음악 인생을 통틀어 봐도 그런 데모 테이프는 단 한 번도 들어본 적이 없었다. 지미 러빈이 그걸 들려주었을 때 나는 말했다. "애 찾아와, 당장!"

— 닥터 드레

처음 에미넴의 음악을 들었을 때 그가 최후까지 남게 될 거라는 걸 알았다. 그는 점점 더 인정받고 있다. (하지만) 드레가 아니었다면 에미넴도 없었을 것이다. 그 반대도 마찬가지고.

— 로버트 부 로자리오Robert Boo Rosario(힙합 잡지 The Source의 에디터)

에미넴은 정말 믿을 수 없을 정도로 탁월하다. 나랑 같이 일하는 사람이니까 으레 그렇게 말할 거라고 생각하겠지만, 정말로 그 아이는 놀랍다.

— 닥터 드레

닥터 드레

그는 열심히 일했지만 늘 뒤쪽에서 래핑을 했기 때문에 때대로 난 그에게 목청 좀 죽이라고 말했다. 그에게 가장 중요한 건 언제나 음악이었지만, 난 그에게 재능이 있을 줄은 몰랐다. 난 그리스 음악만 들으니까.

— 피트 카라지아오우리스Pete Karagiaouris (에미넴이 일했던 식당 '길버트 로지' 주인)

때때로 전광석화처럼 청년 문화에 나타나는 이들이 있는

데, 이 사람이 그렇다. 그는 놀라운 스토리텔링 능력을 가지고 있다. 그 감각을 계속 유지할 수 있다면 그는 영화 각본을 쓸 수도 있을 것이고 그 밖에도 뭐든지 할 수 있을 것이다. 그에겐 위트와 상상력이 풍부하다. 그가 원하기만 한다면 (막스 브라더스Marx Brothers의) 'A Day At The Races'(1930년대 미국 코미디의 지형도를 바꿔놓은 천재 형제 감독의 걸작 중 하나 : 역자) 같은 작품도 써낼 수 있을 것이다.

— 지미 레빈(인터스코프의 경영주 및 프로듀서)

레코드에서의 캐릭터 때문에 많은 사람들이 에미넴을 무모하고 부주의하고 정신 나간 래퍼라고 생각하는 것 같다. 그는 온갖 시련을 겪었고, 레코드가 팔리기 시작한 후에도 별별 일을 다 겪었다. 하지만 그는 그 모든 것에 잘 대처했다. 그는 장난을 잘 치지만 무분별할 정도는 아니다. 일례로 그는 한 번도 돈을 가져본 적이 없기 때문에 돈이 있어도 뭘 해야 할지 모를 뿐더러 돈 쓰는 걸 두려워한다. 그가 생각할 수 있는 최고의 사치는 나이키 타운에서 500달러를 쓰는 게 고작이다.

— 폴 로젠버그(매니저)

어느 날 그를 따라 그의 집에 갔더니 킴이 그의 옷가지를 전부 밖으로 내던졌다. 전부라고 하지만 바지 두 벌과 운동화 몇 켤레였다. 어쨌거나 그래서 우린 우리 할머니 집에서 자게 되었는데, 그때 그는 "걔랑 헤어질 거야. 다신 돌아가지 않겠다고"라고 말했다. 그런데 다음날 보니 그는 그녀와 함께 있었다. 그들의 사랑은 너무나 순수해서 웃길 정도다. 그러나 그 사랑엔 언제나 갈등이 끊이지 않았다.

— 프루프

그가 백인이라서 사람들이 그에게 반발할 거라는 점을 걱정하지는 않았다. 내가 아는 가장 깐깐한 '떠그thug' (힙합 용어로 '자기 자신 외에는 아무것도 가진 게 없는 사람' '불한당' '깡패'를 의미하지만 보통 힙합 문화로 결속된 흑인을 의미하기도 한다. 여기에선 '힙합 문화에 정통한 흑인' 정도의 의미다 : 역자)들도 이 백인 아이가 빈틈이 없다고 생각할 정도였으니까.

— 닥터 드레

그가 맨 첫날 나와 함께 스튜디오에 들어섰을 때의 모습에서 변하지 않는다면 그는 마이클 잭슨보다 훨씬 더 막강한 거물이 될 것이다. 변수야 많겠지만 그는 정말 탁월하고 겸손하다.

— 닥터 드레

그가 앞으로 감당해야 할 부담은 그로선 한 번도 예상한 적이 없을 정도로 클 것이다. 그가 잘 감당하는 만큼, 디트로이트 출신이라는 사실과 함께 미디어가 계속해서 그가 백인 래퍼라는 사실을 지적하는 데서 느끼는 강박관념도 정말 엄청난 것이다. 피자를 굽던 신세에서 1년도 안 돼 왕족에 버금갈 정도로 이름을 날리게 된 걸 이야기하고 있는 것이다. 이런 경우를 대비해 준비를 한다는 건 어불성설이다. 그는 이제 모자에 후드를 뒤집어쓰고 다녀야 한다. 그의

금발머리만 보면 누구나 그의 정체를 알 수 있게 됐으니 말이다.
— 제프 베이스Jeff Bass([Slim Shady] 프로듀서)

이 CD에 담긴 증오와 적개심은 게이와 레즈비언에 대한 폭력을 조장하고 그럼으로써 사람들의 일상에 실질적인 영향을 미칠 수 있다. 동성애자를 상대로 한 범죄가 늘어나는 상황에서 (앨범에 담긴) 이런 수사학들은 전체 커뮤니티에 더 심각한 편견과 무절제를 낳을 수 있다. 그러나 진짜 위험은 이 아티스트에게 쉽게 영향을 받는 팬들에게서 비롯되는데, 그들은 에미넴의 옷차림과 말투와 신념에 필적하려고 애쓴다.
— 게이와 레즈비언 명예훼손 방지 동맹에서 발표한 성명서(2000년 6월)

마샬 매더스는 불운한 유년 시절을 보냈고, 그는 그 사실을 가사에 남김없이 쏟아내지만, 일단 그렇게 쏟아내고 나면 다시 마샬 매더스라는 보통 사내로 돌아간다. 그는 자기 인생에서 경험한 것을 가사로 쏟아내는 건데, 모든 걸 쏟아내고 나면 돌아와서 "햄버거나 먹으러 가자"라고 말한다.

— 제프 베이스

나는 (에미넴의 가사가 담고 있는) 사악한 생각들이 대부분의 아이들 마음속에서 그냥 스치고 지나갈 거라고 믿는다. 그의 표현은 너무나 명백하고, 그의 가사엔 신랄한 유머가 들어 있다. 그는 자신이 생각하는 것이건 사람들이 생각하는 것이건 상관하지 않고 착란 상태에 빠진 모든 걸 언어화한다. 그는 가사의 형태로 자신을 표현할 뿐이다. 거기에는 어떤 악의도 없다.

— 피 디디 P Diddy(퍼프 대디 Puff Daddy의 별칭 : 역자)

그의 가사를 들으면 실제로 그 장소에 가 있는 느낌이 든다. 그는 확실히 기술 면에서 진일보했다. 그의 앨범은 멋지다. 그는 여전하지만 앨범은 전보다 더 나아졌다. 그는 자신만의 언어를 더 사악하게 배치하고 있다. 그의 스타일도 더욱 사악해졌다. 자신의 기량과 함께 다시 게임으로 복귀한 것이다.

— 라킴 Rakim

가사 면에서 그는 최고 수준에 올라 있고 그만큼 인정을 받고 있다. 어느 누가 그가 근사하다는 사실을 부정할 수 있을까? 레코드를 만들어내는 데 있어서도 그에게 대적하려고 하는 사람은 아무도 없을 것이다. 그에겐 독창적인 스타일이 있다. 그는 게임에 뛰어들 만한 가치가 있는 사람이다.

— 피 디디

처음 '97 Bonnie & Clyde'를 들었을 때 가장 공포스러웠던 건 사람들이 이 음악에 빠져 아내를 도살하다시피 죽이는 남자에 관한 내용의 가사를 따라 부르며 즐거워한다는 사실이었다. 아닌 게 아니라 전세계 반 정도의 사람들이 자신의 운동화가 피에 젖는 것을 꿈꾸며 이 노래에 맞춰 춤을 추고 있다. 하지만 당신들이 정말로 아내를 죽이게 된다면, 죽은 아내는 몰라도 아내의 친구들 입까지 막을 재간은 없을 것이다. ('97 Bonnie & Clyde'의) 아내는 그 점을 남편에게 말해줬어야 했다.

— 토리 에이모스Tori Amos, 에미넴을 옹호하며

에미넴은 대중음악 산업에서 비판에 직면한 백인 남성이지만, 성장기에 (아프리칸-아메리칸 인종이 겪는 종류의 : 역자) 곤경을 경험한 적은 없다. 그런 점에서 그는 음악 산업의 '위선자'였다. 에미넴은 그런 비판의 조류를 막기 위해 아프리칸-아메리칸 인종인 동급생 베일리를 인질로 삼았다.

— 'Brain Damage'의 주인공인 디 안젤로 베일리측 검사(소송 법정에서)

('The Night I Fell In Love'를 만들게 된 배경을 설명하며) 에미넴이 게이 혐오자라는 세간의 논쟁에서 영감을 얻었다. 나 역시 에

미넴이 노래로 캐릭터를 연기하는 방식을 빌어 가사를 썼다. 이 말은 꼭 하고 넘어가야겠다. 우린(펫 숍 보이스Pet Shop Boys의 듀오 : 역자) 그의 빅팬이다. 그는 정말 탁월하다고 생각한다.

— 닐 테넌트 Neil Tenant

(펫 숍 보이스 멤버. 닐 테넌트는 커밍아웃한 게이 뮤지션이다 : 역자)

그가 게이 혐오자라면 난 그와 함께 일하지 않았을 것이고 그 역시 나에게 함께 일하자고 요청하지 않았을 것이다.

— 엘튼 존 Elton John

(2001년 그래미 시상식 공연을 위해 에미넴이 엘튼 존을 초빙하여 함께 'Stan'을 불렀다 : 역자)

랩의 복수
Rap Payback

    누구든 나에게 할 말이 있는 사람들은 나 역시 맞받아칠 거라는 사실을 알아두는 게 신상에 좋을 것이다. 난 가만히 있지 않을 거다. 이제까지 어떤 말을 해서 곤란한 상황에 빠져본 적은 없다. 난 하고 싶은 말은 다 할 거다. 그게 마음에 들지 않는 사람들은 모두 나가 뒈지시길. 아, 마음에 든다고? 좋아!

    나를 험담하는 사람에게 나도 똑같이 험담을 퍼부을 것이다. 험담이 좋은 건 그런 이유도 있다. 난 가만히 앉아 사람들이 날 헐뜯을 때를 기다린다. 자, 다음은 누구지? 누구든 나에 대해 험담하기만 하면 난 그 작자의 자존심을 깡그리 짓밟아줄 테다. 젖 먹던 힘까지 합쳐서 그 자식에게 상처를 줘서 제 풀에 못 이겨 다리에서 뛰어내리게 만들 테다. 나에겐 그런 말을 만들어낼 타고난 재주가 있다고. 힙합 서클에서 버티며, 배틀을 하며, 엠시잉을 하며, 엄마랑 싸우면서, 여자친구랑 으르렁대면서 굴러먹던 놈이니까. 난 그런 놈이야. 나에게 잘못 보이면 난 정말 미친 개처럼 될 거라고.

난 언제나 여봐란 듯이 깡패처럼 군다. 난 미친 새끼다. 그래, 나도 인정해. 내가 완전히 돌았다는 걸 말이야. 널 죽여버리고, 너도 죽여버리고, 다 죽여버릴 거야. 난 언제나 깡패니까. 그게 마음에 들지 않는다면 나한테 알랑방귀나 한번 뀌어보지 그래!

날 무시했던 많은 사람들이 이제 합작이니 공조니 하며 끼리끼리 뭉치고 있다. 하지만 난 나만의 음악을 하는 게 좋다. 사공이 너무 많으면 스토리가 제 방향으로 흘러가지 못하는 법이다.

나에게 단 한 번도 사랑을 보여주지 않은 것들, 그리고 생긴 것 가지고 날 계속해서 인정하지 않은 것들아, 내 거시기나 빨아라! 이 개새끼들아!

내 기억에서 사라진 이들이여, 모종의 이유로 당신들을 내 마음에 담아두지 못한 모양인데, 아무래도 당신들은 내 감사의 표시를 받을 만한 가치가 전혀 없었던 작자들이 아니었을까?

'My Name Is'가 나오기 전만 해도 에미넴이라는 이름으로 클럽에 들어갈 수 없었다. 그런데 어제 가보니 사람들이 날 위해 테이블을 치워주는 거다. 기분 죽이더군. 그러나 한편으로는 무섭기도 했다. 순식간에 정상에 오른 것처럼 순식간에 나락으로 떨어질 수도 있으

니까.

 (전에 일했던 길버트 로지)에 가는 거야. 순전히 분풀이로 떡하니 리무진을 타고 가는 거지. 그리고 팁으로 수백 달러를 꺼내 그 자식들 낯짝에 던져주는 거야. "오, 마샬! 너 지금쯤이면 엄청 성공했어야 하는 거 아니니?" 그들이 날 두고 놀려댔던 말을 이제 내가 그들에게 돌려줄 거다.

검열과 취향
Censorship & Taste

수많은 부모들이 황당해하며 내 앨범을 환불하려고 난리들을 칠 거다. (교육적으로) 좋을 것 하나 없고 클린 버전도 아니니까. 구역질이 나는 내 가사가 그들에게 도움 될 게 있겠나.

라디오 방송용으로 가사를 순화하는 건 딱 질색이다. 그래야 할 때마다 늘 굽신거리는 기분이 든다. 안 해도 되지만 대신 힙합에 있어서 내가 원하는 만큼의 큰 목소리를 내지 못하게 된다. 그렇다 해도 '개년bitch'을 '닭chicken'으로 바꿔 부르는 건 웃기는 짓이다.

내 음악에 경고 딱지를 붙여도 싸다고 생각하냐고? 당연하지. 하지만 그런다고 애들이 내 앨범을 사는 걸 막을 수는 없다. 나도 열한 살이나 열두 살 때 투 라이브 크루2 Live Crew를 듣고 R 등급 영화관에 몰래 다니곤 했다. 애들은 애들이고, 애들은 우리가 생각하는 것보다 훨씬 더 똑똑하다.

내무장관은 이런 가사를 담고 있는 레코드 판매를 법적으로 금지해야 합니다.

— 줄리언 브레이저Julian Brazier(보수당원),
[Real Slim Shady LP]가 차트 최고 순위에 올랐을 때

사람들은 콜로라도 아동 사건이니 뭐니 하며 모든 걸 음악 탓으로 돌린다. 그 사건이 음악 때문이라는 건데, 걘 진짜로 미친놈이다. 당신들은 걔가 그런 짓을 한 게 걔가 본 영화나 음악 때문이라고 생각하지? 그런 영화만 보면 애들이 바로 범죄를 저지를 거라고 말이야. 이봐, 정신들 차리라고! 내가 다리에서 뛰어내린다고 치자. 그건 내가 뛰어내리고 싶기 때문에 뛰어내리는 거지 누가 시켜서 뛰어내리는 게 아니다.

다른 레코드 레이블과 마찬가지로 인터스코프도 앨범을 평가하고 가사를 읽어보기 위해 이 사회를 소집한다. 그 때문에 원래의 음악을 수정한 적이 있었냐고? 두 장 다 그랬다. 에미넴은 레코드숍에 자신의 앨범이 깔리기를 바랐다. 그렇지 않으면 사람들이 그의 음악을 들을

수 없기 때문에 그는 대개 레이블의 요구를 들어주는 편이다. 물론 레이블의 불만이 말도 안 되는 경우에는 전혀 다르지만.
— 폴 로젠버그

화가 나는 건 당연하다. 그 작자들은 음악을 마냥 무시하고 제대로 이해할 줄도 모른다. 그들은 내가 만든 거의 모든 노래에 메시지가 있다는 걸 전혀 이해하지 못한다. 모든 노래가 아니라 거의 모든 노래가 그렇다. 'Guilty Conscience'에 대해 말들이 많은데, 내가 메인이 되어 의식의 사악한 면을 맡았고 드레가 주거니 받거니 랩을 하며 의식의 선한 면을 맡았다.

요즘 사람들에겐 선한 면과 악한 면이 반반씩 공존하는 것 같다. 그런 면에서는 미국도 마찬가지인데, 요즘의 미국은 사악한 면이 득세하고 있다. 사람의 의식에서 언제나 승리하는 건 악한 면이다. 그래서 범죄가 발생하는 것이다. 그러니 좀팽이 같은 놈이 내 노래의 배후에 있는 메시지를 제대로 보지 못하고 분석만 한다면, 엿이나 먹으라고 그래. 가사를 가사 자체로 받아들이고, 내가 언제 농담을 하고 언제 하지 않는지를 보라고!

힙합에 대해선 개똥만큼도 알지 못하는 것들이 (가사는) 개똥같이 받아들인다. 그들은 그 안에 담긴 코미디를 거부하는 것 같다. 그들이 내 음악을 그렇게 심각하게 받아들이는 건 내가 정곡을 찌르기 때문이 아닌가 싶다. 가령 내가 말하는 게 어렸을 때는 잘 하던 짓거리인데 어른이 되고 나서 인정하기 싫어진 그런 것 아닐까? 개나 소나 어른이 되면 설교를 하고 싶어 몸살이 나니 말이다. 그런데 그런 것들이 '이것도 하지 말고 저것도 하지 마'라고 말해놓고는 집에 가서 그 짓거리를 한다. 입으로는 포르노를 금지하라고 하면서 자기 집 침대 밑에 쓰레기 같은 포르노 잡지를 숨겨놓고 있다. 그런 사람들은 자신들이 정의롭다고 생각하면서 세상이 인정해주길 바란다. 난 그런 놈들에겐 눈 하나 깜짝 안 한다.

나는 큰 상을 세 개나 탔다. 모든 업계가 야비한 거나 만들어내는 작자를 떠받드는 게 말이나 되나? 공화당 부통령 후보 딕 체니Dick Cheney의 부인 린 체니Lynne Cheney는 'Kill You'에서 상원 무역위원회 장면에 등장한다.

방약무인
Bad Attitude

　내가 막돼먹은 것처럼 몰아붙일 때는 사람들을 약올리려고 그러거나 그 순간의 내 느낌을 표현하려고 그러는 거다. 여러분들이 레코드에서 보게 되는 많은 것들은 보는 사람이 누구냐에 따라 의미가 달라진다. 어떤 사람들은 그걸 이해하지만 어떤 사람들은 종잡을 수도 없을 거라고 생각한다. 내 팬들은 이해한다. (팬이 아닌 : 역자) 다른 사람들에 대해선 신경 안 쓴다.

　나랑 똑같이 생기고, 나랑 똑같이 옷 입고, 나랑 똑같이 걷고 말하고 행동하는 사람들이 만 명은 될 거야.

　나쁜 짓이라는 걸 알면서도 그 짓을 저지르게 만드는 영화처럼 음악이 누군가를 죽이거나 강간할 수 있을 거라고는 생각하지 않는다. 하지만 음악은 사람에게 힘을 불어넣어줄 수 있다. 모두에게 왕따를

당해 자신이 가치 없는 존재라고 느끼는 열다섯 살 아이도 가운데 손가락을 들어 보이며 "엿이나 먹어! 너희들은 내가 어떤 앤지 알지 못해!"라고 말할 수 있는 힘을 준다. 음악은 그런 아이들에게 자신의 개별성을 존중하도록 해준다. 음악은 나에게도 그랬다.

다음번 앨범은 좀더 논쟁적인 앨범이 될 것이다. 세상 사람들이 내가 적그리스도라는 걸 이미 알고 있고 '팔푼이 같은 놈'이라고 떠들어대고 있으니, 그들 말대로 정말 팔푼이가 어떤 건지 보여주겠다.

'라이언 일병 구하기'는 내가 본 영화 중에 가장 고약하고 재수 없는 영화다. 그런데도 그 영화의 폭력성을 비판하는 사람은 단 한 명도 보지 못했다.

사람들이 가끔 나에게 "누가 커서 당신처럼 되고 싶다고 하면 뭐라고 할 거예요?"라고 묻는데, 난 그러지 말라고 이야기하겠다. 커서 나처럼 되면 안 된다. 하지만 이런 생각도 든다. 커서 나처럼 되는 게 그렇게 나쁜 건가? 개똥만도 못한 시궁창에서 태어나 끝내주는 랩 스타가 되었는데? 그게 그렇게 나쁜 건가?

내가 봐도 난 〔South Park〕

와 비슷한 데가 있다. 정치적으로 잘못됐다는 점에서만.

부르기만 하면 난 누구와도 랩 배틀을 할 수 있다. 그걸 알아두는 게 좋을 거다.

광란은 내 안의 분노에서 나온다. 난 잘난 맛에 사는 놈이니까 누구든지 나에게 뭐라고 지껄이면 그대로 되돌려줄 것이다. 볼 만한 구경거리가 끝나가는 건 참을 수가 없다. 돈이 있어서 편해지긴 했지만 문제를 해결해줄 수는 없다. 개인적인 문제가 있을 수 있고, 정신적인 문제가 있을 수 있고, 가정 문제가 있을 수 있지만, 돈이 해결해줄 수 있는 건 아니다.

내가 거만하거나 자기 과신에 빠져 있거나 잘난 척하는 게 아니라고 믿고 싶다. 그게 나답다. 난 마샬 매더스로서 생각한다. 어느 누구한테도 부당한 짓을 하지 않는 사람…. 나는 안과 겉이 똑같은 사람이다. 사람들이 나에 대해 궁금해하는 모든 것을 나는 음악으로 말한다. 나에 대해 알고 싶다면 내 음악을 들어보라. 음악 안에 모든 해답이 있다.

레코드 계약을 따냈을 때, 진심으로 더 이상 떠들어댈 게 남아 있지 않을 거라는 생각이 들었다. '마냥 행복해지면 어떻게 하지? 만사가 다 좋으면 어떻게 해? 더 이상 미치지 못하는 거 아니야?' 내게 독기나 열불 같은 게 남아 있지 않을까봐 겁이 났다.

아무리 대단한 성공을 했다 해도, 올라올 때까지 다 올라왔다 해도 머리 속에서 떠나지 않는 어떤 게 남아 있다는 건 정말 환장할 노릇이다. 그 점에 대해선 퍼피Puffy(퍼프 대디 : 역자)가 말해줄 것이다. 당신이 엄청난 성공가도를 달리는 사업가가 된다 해도 당신은 죽은 목숨이다. 제도권 안에 있으니까. 일단 제도권에 포섭되면 인생을 종 치지 않을 도리가 없다. 위에서 당신을 잡으면 달리 길이 생기지 않는다. 그냥 "그렇습니다, XX님!" 하고 사는 수밖에.

— 부인 킴의 외도에 분노해 총기 난사를 벌인 죄로 수감형의 위기에 처한 상황에 대해 : 역자

지금 이렇게 되어버린 것에 대해 나는 분명 후회하고 있다. 정말 바보 같았다. 열정이 들끓는 순간에는 뭘 못하겠나. 일단 저지르고 나중에 되돌리려 하지만 그땐 이미 지나간 일이다. 아무것도 할 수 없다.

— 역시 같은 사건에 대해 이야기하고 있다 : 역자

그래, 난 범죄자다. 하지 말아야 할 짓을 몇 번이나 했다. 하지만 난 여전히 사람이다. 사람이라면 실수는 하기 마련이다. 그래도 가령 내가 아닌 다른 사람이었다면 그 날 밤 했을 법한 것보다 더한 짓을 한 적은 한 번도 없다. 어떤 사람들은 나보다 더한 짓을 한다. 내가 한 짓과 정확히 똑같이 했다는 소리는 아니지만 이 지구상에서 나만큼 안 해본 사람은 단 한 명도 없을 것이다.

— 2000년 6월 술집 바깥에서 킴과 키스를 한 남자에게 총을 난사한 죄로 내려진 수감형이 무효화된 후

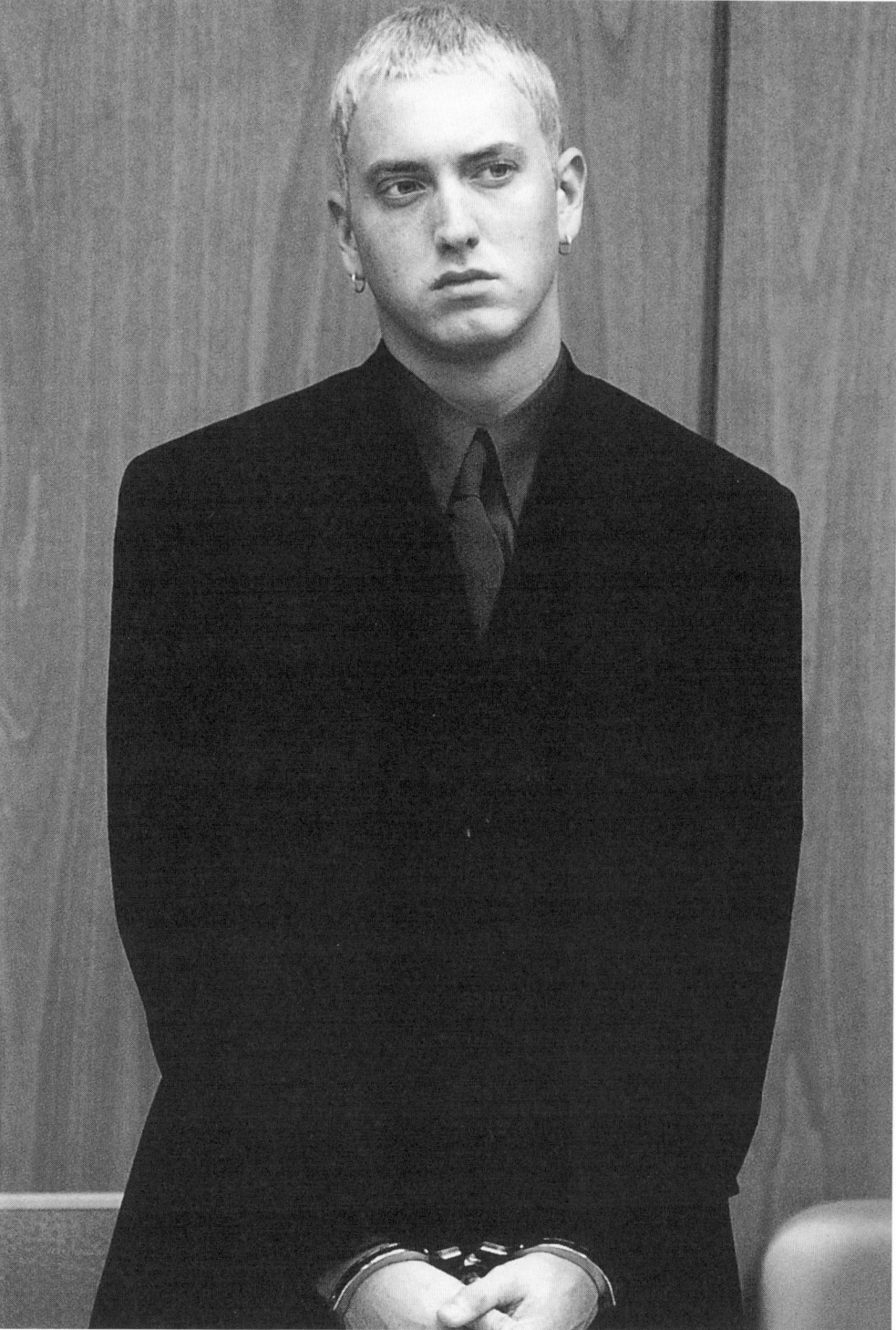

나는 사라질 거고 사람들도 나를 잊을 거다. 사람들은 감옥에 간 아티스트들을 잊어버린다. 세상에서 그들의 이름은 더 이상 통하지 않는다. 그들이 노력해서 이룩한 모든 것도. 내가 쌓아올린 모든 것도 마찬가지다. 그러니 얼마나 초조했겠는가. 이제 그 문제가 더 이상 나를 괴롭히지 않게 되어 기쁘다. 손 씻었다.

잠깐 동안 떠나 있는 거겠지 싶었다. 얼마나 오래 걸릴지는 알지 못했다. 그러면서도 한편으로는 내가 이미 잊혀진 존재가 된 건 아닐까 하는 생각이 들었다. 매일매일 문제가 생겼다. 그 문제들이 내 머리에서 떠나지 않았다. 이제 끝났으니 다행이라고 생각하지만, 그 경험에서 많은 걸 얻었기 때문에 내 책에 다 수록했다. 나는 내 현실을 점검하기 위해서 책을 써가고 있다. 그 경험은 나를 바로잡아주고 여러 가지를 깨닫게 해주었다. 나는 'A. 진정해라 B. 이 문제는 내일 다 끝날 수도 있다'라는 식으로 리스트를 정해 써내려갔다. 그중 최악의 공포는 '이 문제를 헤일리에게 어떻게 설명하나? 내가 유죄 판결을 받아 실형을 살게 되면 그걸 어떻게 말해야 하나?' 하는 거였다.

누가 Faggot*이라고?
Who's A Faggot?

난 게이들에겐 아무런 반감이 없다. 그런 이야기는 나한테 하지 마라. 난 쿨하다. 하지만 그들(게이들)은 불쾌하게 받아들일 수도 있겠다.

나에게 faggot이란 말은 딱히 게이를 의미하지 않는다. 내가 의미하는 faggot은 '잡년'이나 '계집년'이란 뜻으로, 그 말엔 '남자라면 남자다워져라' 라는 뜻이 들어 있다. 남자에게 할 수 있는 가장 나쁜 말은 그가 게이건 아니건 상관없이 여자애 같다고 말하는 것이다. 어렸을 때 faggot은 '꼭 계집애 같아'라는 뜻으로 쓰였다. 어느 누구도 그 말을 하면서 게이를 생각하진 않았다. 나 역시 그 말을 듣고 '넌 게이처럼 구는구나'라는 식으로 받아들이지 않았다. 난 게이에 대해서는 아

---
* faggot은 게이를 폄하하는 별칭으로 쓰이지만 본래적인 의미와 에미넴의 의도를 명확히 하기 위해 원어를 그대로 썼다 : 역자

무 생각 없다. 게이들이 그렇게 받아들인다면 그건 그들 사정이다.

그 따위 말로 나에게 뒤집어 씌우지 마라. 그 따위 걸 가지고 내 주변을 어슬렁거리지 마라. 그들(게이)이 어느 누구에게도 피해를 주지 않는다면 나에게도 피해 줄 일이 없을 것이다. 그러니 게이가 되건 말건 당신들 좋을 대로 하시라. 남의 거시기를 가지고 뭔 짓을 하건 그건 다 당신들 사정이니까.

엘튼 존과 함께

엘튼 존이 게이인 줄은 몰랐다. 최근에 기사를 읽고서야 알았다. 아티스트로서, 뮤지션으로서 그를 존경한다. 나의 팬층이 다섯 살부터 쉰까지 광범위하게 분포되어 있다는 건 정말 가슴 벅찬 일이 아닐 수 없다.

내 노래에서 중학교 때 영어 선생님이 나랑 섹스하고 싶어했다고 말한 건 전적인 의미에서 내가 게이가 아니라는 말이다. 알겠어? 사람들은 내가 생각하는 것과 나라는 사람 자체를 혼동한다. 난 그런 식의 라이프 스타일엔 동의하지 않지만, 당신의 라이프 스타일이 그렇다면 나랑 상관없이 그럴 수 있다고 생각한다.

　한 남자가 다른 남자 거시기를 빨아주는 거에 왜 그리 흥분하냐고? 힙합은 남자다움과 경쟁에 관한 이야기니까 그렇지. 마초에 관한 이야기라고. 그게 힙합의 영역에서 벌어지는 일이야. 사람들이 자리에 앉아 힙합 커뮤니티에 대해서만 머리를 굴리고 있을 거라고 생각하지는 않는다. 랩 배틀에서 프리 스타일로 상대편 자식에게 faggot이라고 말하는 건 그의 남자로서의 자존심을 작살낸다는 뜻이다. 하지만 난 진실을 이야기해준답시고 구석에 처박혀 머리만 굴리고 있진 않는다.

세계를 돌며
Around The World

　영국 음식은 정말 끔찍하다. 구역질이 날 정도다. 당신네 영국인들 말인데, 이런 곳에서 어떻게 사는지 이해가 안 간다. 난 전혀 먹고 싶지 않은데, 이 나라에 어떻게 뚱뚱한 사람들이 있는지 도대체 알 수가 없다. 하지만 그걸 빼면 좋다. 당신들은 지나치게 정중한 것 같다. 좀 과하게 친절한 것 같다는 말이다.

　암스테르담이 좋다. 하지만 나는 미국이나 멕시코에 있다 해도 상관하지 않고 약을 할 거다. 그래도 약물이 합법이라는 건 근사한 것 같다. 자기 나라로 가지고 갈 수 없는 건 쿨하지 않지만. 대마초를 한 뭉치 사가도 하나도 피우지 못하면 무슨 소용인가? 돈을 주고 샀다면 집으로 가지고 가고 싶은 게 당연하지 않나?

　영국이나 독일에 가면 사람들이 꼭 "이 나라가 마음에 드세요?"

라고 묻는데, 사실 난 아무것도 구경할 수 없는 신세다. 숙소에서 잠자고 사람들과 이야기하고 사진을 찍고 쇼를 할 뿐이다. 그러니 내가 마음에 들지 않는다고 말하면 공정치 못한 말이다. 마음에 드는지 아닌지 알 만큼 제대로 본 적이 없으니까.

토니 블레어Tony Blair가 누군데? 그 사람도 아랫사람에게 오럴 섹스를 시켰나? 아, 그땐 안 했다고?

쇼는 정말 끝내줬다! 런던에 온 건 이번이 처음이지만, 나에게 사랑을 보내준 모든 영국 사람들에게 보답할 순간을 기다려왔다. 그들이 나에게 보여준 열광은 정말 대단했다. 사실 음악 공연에서 으레 있을 법한 분위기이겠거니 싶었는데, 진정한 팬들이 나를 진심으로 사랑해주어 정말 기분 좋았다. 모두가 나와 함께 래핑을 하는 동안 그랬다. 그들은 힙합이 살아 있다는 걸 증명한 진정한 팬이었다. 정말 끝내줬다고!
— 1999년 3월, Subteranea에서 있었던 첫 런던 공연 후

런던 걸과 에미넴은 어울리지 않는다. 여기에서 끝내주는 여자를 만나게 된다면 자위를 할 필요가 없을 텐데.

그 잘난 얼굴 좀 안 보게 해줘, 엉클 유럽Shut your fucking face, Uncle Europe!(극장판 〔South Park〕에서 카트만이 부른 'Shut Your Fucking Face, Uncle Fucker'를 패러디한 것 : 역자)

— 'Top of the Pops' 프로그램의 리허설 중(미방송)

재수 없는 나라도 많지만 비밀로 할 거다. 나라는 재수 없어도 그 나라 사람들이 내 앨범을 살 수도 있으니까.

후회는 없다?
No Regrets?

그게 나다. 뭔가를 생각하면 말로 한다. 후에 후회할지도 모르지만 지금은 후회 같은 건 안 할 거 같다.

내 노래에서 이야기한 것에 대해선 하나도 후회하지 않는다. 사람들은 내가 한 말을 진짜로 믿는다. 다른 사람 뒤에서 흉을 보거나 위선을 떠는 건 믿지 않는다. 가사를 쓸 때 난 아무것도 가리지 않는다. 금기가 없다. 그 결과가 어떻게 나오든, 누군가를 불쾌하게 만들거나 문제를 심각하게 만든다 해도 난 말할 것이고, 그 결과를 기꺼이 감당할 것이다. 나처럼 말하고 싶은 것을 전부 내뱉는 사람이 또 있을지 모르겠다. 난 내가 느끼는 대로 말할 것이다. 남김없이. 미쳐서 이러는 게 아니다. 난 스튜디오에 분노를 털어놓고 떠난다. 마이크 앞에서 내 모든 속내를 쏟아내는 거다. 내가 해야겠다 싶은 말을 다 하면 끝이다. 집에 와서 후련해진 가슴으로 잠을 잔다. 모든 걸 다

쏟아냈으니까. 음악은 표현의 한 형태다.

때때로 남들을 위해 살고 있다는 생각이 든다. 아침 7시에 일어나 온종일 일을 한다. 잠을 더 잘 수 없다. 먹지도 않는다. 정신이 나간 것 같다. 일이 너무 많다. 내가 예상했던 것보다 훨씬 많다.

어느 누구도 내가 받는 중압감을 완전히 이해하지 못한다. 언제나 훌륭해야 하고 언제나 만반의 준비를 하고 있어야 한다. 지금 내 일은 너무나 분주하다. 미치겠다.

자신이 원하는 것이 뭔지를 신중히 생각해야 한다. 난 언제나 지금의 나이기를 원하고 바랐다. 하지만 실제로는 꿈보다 악몽에 더 가까워졌다. 모든 면에서 그렇다. 더 이상 길거리를 걸어다닐 수 없게 된 것도 그렇다. 사람들은 더 이상 나를 평범한 인간으로 봐주지 않는다. 공원에서 농구를 하던 시절이 그립다. 난 한 번도 중형차나 벤츠 같은 걸 원한 적이 없다. 내가 원한 건 힙합 경력을 쌓아 성공하는 것뿐이었다.

할 수 있다면 옛날로 돌아가겠냐고? 좋은 질문이다. 질문 정말 잘했다. 반반이다. 그러면 사람들은 "넌 모든 걸 다 가졌잖아. 돈도 많으니까 고지서 같은 거 걱정할 필요도 없잖아" 하고 따진다. 하지만 난 더 이상 바깥을 돌아다닐 수가 없다. 온 세계가 나를 주시하고 있기 때문이다. 더 이상 보통 사람처럼 행동할 수가 없다.

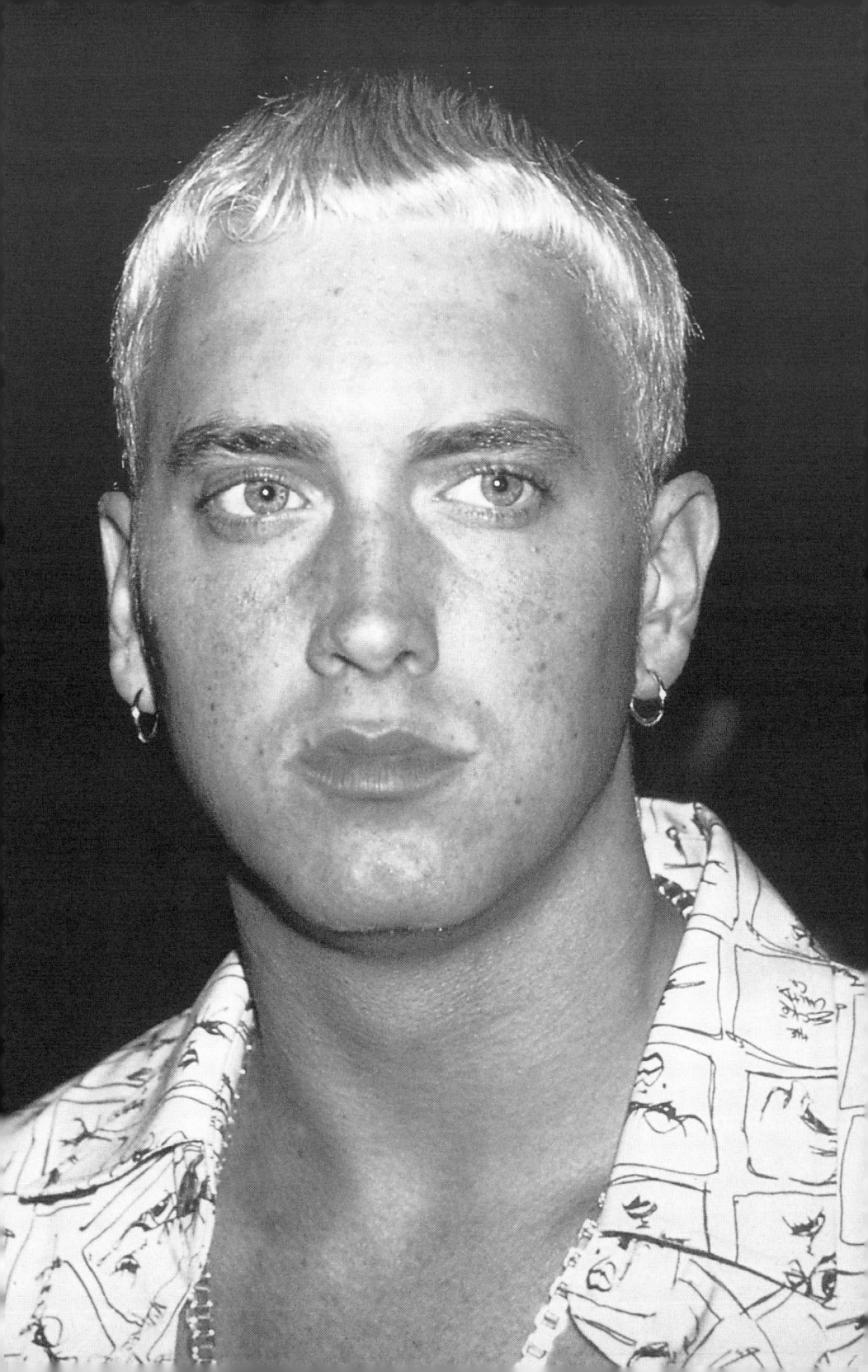

하지만 좋은 것도 있다. 내 남동생이 평생 아무 부족함 없이 살게 될 거라는 점, 내 딸이 평생 아무 부족함 없이 살게 될 거라는 점만 좋다.

지난 몇 년은 정말 쏜살같이 지나갔다. 지금도 눈 깜짝하는 사이에 지나가고 있다. 내가 유명해지기 전에, 그러니까 '길버트 로지'에서 일하던 시절에는 모든 게 너무나 천천히 흘러갔는데.

뭔가 좋은 일이 일어나면 나쁜 일도 반드시 따라오기 마련이다. 태어난 날부터 지금까지의 내 인생이 그랬다.

개인으로서의 내 삶은 만신창이나 다름없는데, 내 사적인 삶의 모든 게 세상에 공개 돼 있다. 나 자신에 관한 노래를 만들어서 그렇다고 생각한다.

이혼은 지금까지 살아오면서 가장 힘들었던 경험이다. 지금은 괴로워하지 않는다. 그 경험으로 전보다 괜찮은 인간이 된 기분이다.

내가 감당해야 했던 것들 중에 이혼이 가장 힘들었다. 지금도 괴롭다는 소리를 하려는 건 아니다. 그 시련을 겪은 후 나는 좀더 나아졌지만 처음엔 힘들었다. 그 여자는 내 최초의 여자친구고 내 삶과 함께 한 사람이다. 함께 성장기를 보낸 사람이 당신을 떠나고 싶다고 말한다면, 처음엔 뭘 어떻게 해야 할지 아무 생각도 나지 않을 거다.

내 탓이고, 내 커리어 탓이라고 생각한다. 하지만 그 시련에서 빠져나온 후에 한 걸음 물러서서 전체를 보게 되었다. 그래서 그게 내 잘못이 아니라는 것, 내가 할 수 있었던 건 아무것도 없었다는 것을 알게 되었다. 결과는 필연적이었다. 지금은 쿨하다. 킴과 나는 다시 대화를 나눌 수 있게 되었다. 우린 가라앉은 감정으로 대화를 나눈다. 빌어먹을!

디트로이트의 열혈지우
Homeboy In Detroit

 로스앤젤레스는 가볼 만한 곳이지만 나로선 디트로이트를 영영 떠날 수가 없다. 거기엔 나의 수많은 역사와 뿌리들이 존재한다. 그래서 이곳(로스앤젤레스)에 오는 게 쿨하게 느껴지기도 하지만, LA는 일종의 도피처다. 녹음이 끝나면 곧장 집으로 튄다. 디트로이트에도 내 스튜디오가 있다. 한밤중에 떠오른 영감을 녹음하고 싶을 때 그곳을 이용한다.

 3년 전인가? 그보다 더 됐나? 하여간 내 딸이 태어난 지 얼마 안 됐을 때다. 당시 난 '세븐 마일 로드Seven Mile Road'에 있는 집에서 살고 있었는데, 어린아이들이 허구한 날 거리를 지나가며 "저 횐둥이 애기 좀 봐" 하고 떠들어댔다. 모든 게 '이래도 횐둥이 저래도 횐둥이'였다. 현관에 나와 아무 말 없이 조용히 앉아 있으면 횐둥이가 어쩌고저쩌고 하는 소리를 들을 수 있었다. 그때마다 난 "이 개자식들아, 여기서 사라져!"라고 소리쳤다.

그때 난 랩 같은 건 때려치우고 교외에 있는 집이나 살 수 있었으면 하고 바랐다. 여자친구랑 "우리가 여기 있는 걸 사람들이 싫어한다는 거 모르겠어?"라며 말다툼을 했다. 그 후 너무나 많은 변화를 겪었다. 실제로 대여섯 달 동안 라임을 쓰지 않았다. 모든 걸 포기할 판이었다. 하지만 그럴 수가 없었다. 난 계속해서 클럽을 들락거리며 사람들의 멸시를 참아냈다. 하지만 집에 오면 주먹으로 벽을 쳤다. 슬림 셰이디 앨범을 들으면 그때의 좌절감이 표출되는 걸 들을 수 있을 것이다.

태어나서 계속 (디트로이트의 똑같은 집에서) 살다가 MTV에 한 번 나왔더니 개나 소나 몰려와서 그 이야기를 해댔다. 날 아주 오랫동안 봐온 사람들은 내가 스타가 되었다고 생각한 나머지 충격을 받았고, 아이들은 동네에 몰려와 하루 종일 우리 집 문을 두드려댔다. 나는 '평생 이곳에서 살았는데 뭐가 달라졌다는 거야?'라고 생각했다. 그 전에 거리를 돌아다닐 때는 어느 누구도 말 한마디 안 하더니 이젠 아주 웃기지도 않게 된 거다.

별 병신 같은 놈들이 내 집에 들어와 내 공간을 침범한다. 모르는 사람이 내 집에 들어왔을 경우 어떤 식으로든 위협이라고 느껴질 땐 누구를 막론하고 얼굴에 총을 겨눌 것이다. 어쨌거나 알지도 못하는 사람이 내 집에 접근한다는 건 나에 대한 모욕이다.

내가 고향 가까이에 사는 이유는 그게 나한테 편하기 때문이다. 전에도 말했지만 많은 사람들이 나의 이런 점을 이해하지 못한다. 내가 이 사실을 납득시키려고 하는 이유는 집 앞 우편함마저 마음 놓고 열어보지 못할 만큼 안전 문제 때문에 옴짝달싹못하는 상태가 지겨워서다. 난 더 이상 길거리를 돌아다닐 수 없게 되었다든지, 내가 원하는 대로 평범하게 살 수 없다는 사실을 믿고 싶지 않다. 그것이 내 마음 한구석에 깔려 있는 생각이다.

가능한 한 집 가까이에 머물려고 했다. 내가 지금처럼 성공하게 될 거라고 생각하지 못했던 시기에 그 집을 샀기 때문이다. 그 당시엔 '돈이 더 안 들어올지도 모르니까 우선 이 집을 사놓자'라고 생각했던 것 같다. 그래서 대로에 있는 그 집을 샀다. 팬들이 몰려와봤자 가끔 한두 명 정도 오겠지 싶었다. 진짜 엄청나게 큰 실수를 저지른 거다.

시에서는 집에 울타리를 치지 못하게 했다. 탄원서를 냈지만 시령市令을 통과할 수 없었다. 시에선 내 사정을 특별 케이스로 받아주지 않았다. 울타리 치는 걸 허락해주지 않은 바람에 현재 내 집 주변엔 경호원들이 죽치고 있다. 하루는 한밤중에 어떤 자식이 경호원의 머리를 배터리로 친 적이 있다. 내가 사는 게 이렇다고.

난 디트로이트에서 사는 게 좋다. LA에서 일을 하는 것도 좋다. 하지만 거기에서 살고 싶진 않을 것 같다. 내 딸아이가 여기 있으니까.

평범한 보통 사나이
A Regular, Ordinary Guy

난 보통 놈이다. 내가 이렇게 성공한 건 보통 놈이기 때문인지도 모른다. 내가 거만한 인상을 준다고는 생각하지 않는다. 나는 나 그대로를 보여준다. 난 내 자신 자체다. 그 때문에 성공한 것 같다. 난 직업을 가진 평범한 사람이고, 내게 어떤 재능이 있는지 모르지만 그래도 나는 여전히 평범한 사람이다.

난 책을 그다지 많이 읽지 않는다. 모든 건 내 마음과 경험에서 나온다. 9학년을 세 번이나 낙방한 걸 봐라.

정상적인 사람들이라면 미친 짓을 하지 않겠지만, 난 사실 뭐가 정상적인 건지 모르겠다. 내가 비정상이라고는 생각하지 않는다. 미친 놈처럼 돌아다니는 짓은 안 하니까. 난 정상적인 일상을 보낸다. 내 생각이나 내가 라임으로 쓰는 내용도 다른 사람들의 생각이나 삶과 다를 바 없다. 단지 그들은 그걸 말로 꺼내지 않을 뿐이다. 설령 내가 일반인들과 좀 다르게 생각한다 하더라도 행동하는 거나 옷 입는 거나 뜻을 관철하는 건 정상적이라고 본다.

하루에도 수없이 많은 사인을 하게 되는데, 그러고 싶지 않을 때도 있다. 전용 버스 밖에 서 있다가 갑자기 몇몇 사람들에게 사인을 해주게 될 때도 그렇다. 그 와중에 사인을 받지 못한 몇몇 사람들은 '잘 났다 개새끼야!'라고 생각한다. 사람들은 나도 보통 사람이라는 것을, 한 인간에 불과하다는 것을 알지 못한다. 많은 사람들이 가장 이해하지 못하는 것 중 하나가 그거다.

난 인터넷을 많이 하지 않는 편이다. 컴퓨터니 사이버스페이스니 하는 것에 그다지 매력을 느끼지 않는다. 무엇보다 가만히 앉아 있

는 걸 참지 못한다. 난 안절부절못하는 스타일이라 라임을 쓰고 있을 때가 아니면 한 장소에 오랫동안 머무는 걸 좋아하지 않는다. 라임을 쓸 때도 가끔씩 벌떡 일어나 방 안을 돌아다닌다. 컴퓨터 앞에 앉아 있으면 제대로 일이 풀리지 않는다. 가끔 무슨 일이 있나 하고 보는 정도다.

더 나은 삶을 살게 될지도 모르지만, 그러려면 보통 사람이 되어야 한다는 걸 알고 있다.

뭐가 불안하냐고? 난 머저리에 팔푼이고, 백인이고, 못생기고, 몸에서 냄새도 난다. 바보 같은 백인이라는 이야기다. 주근깨까지 나 있고, 키도 작고, 백인이고, 똑똑하지 않아서 자살해버리고 싶을 정도다. 코도 휘었고, 페니스도 작다. 진짜 뭣도 아닌 놈이다!

한 남자로서 많이 성숙해졌다고 할 수 있지만 난 여전히 광대처럼 노는 게 좋다. 내 일을 즐긴다고 할 수 있지. 재미가 없어지는 날이 오면 아예 그만둘 거다.

나이를 먹으면 그에 따르는 어떤 성숙의 경지가 있는 것 같다. 그런 점에서 헤일리는 나보다 더 낫다. 딸애랑 성 쌓기 놀이를 할 때는 더할 나위 없이 좋은 시간이다. 그 시간이야말로 우리가 현재 살고 있는 삶 자체이며 우리의 소양을 쌓아가는 때다.

드레와 나
Dre & Me

　　드레는 날 더 발전시켰다. 그는 내게 비트에 맞춰 라임을 만들어내는 방법을 가르쳐주었다.

　　드레는 언제나 거리의 동향에 귀를 기울이는 친구다. 그는 정말 겸손한 사람이다. 그는 에고ego 같은 건 가지고 있지 않다. 드레는 단한 번도 '난 너무 훌륭해서 이러저러한 것들은 듣지 않아도 돼'라는 식으로 군 적이 없다.

　　내가 언더그라운드에서 막 뜨고 있을 때 드레가 내 이름값을 높여주었다. 사람들은 "드레가 함께 일할 정도라면 그 앤 분명 끝내줄 거야"라고 말했다.

　　드레에게서 내 음악을 좋아한다는 말을 들은 건 영광이었다.

드레에게서 많은 걸 배웠다. 내 머리 속에서 라임이 떠오를 때마다 비트와 멜로디를 어떻게 다뤄야 하는지를 알게 되었다.

드레는 최고다. 그는 당대 최고의 프로듀서다.

드레와 스눕 도그Snoop Dogg가 처음 만났을 때의 화학반응 같은 게 (드레와 나에게도) 있다. 가령 이런 거다. 나는 작사가이자 작가다. 그는 (내가 만든 라임으로) 비트를 깔고 프로듀싱한다. 그에겐 비전이 있다. 그는 (내 라임에) 생명을 불어넣는 능력을 가지고 있다. 드레가 만든 모든 비트를 들으면 거기에 맞추어 랩을 하고 싶은 욕구가 솟구친다. 그의 비트를 듣는 순간 그 즉시 내게 영감이 떠오르니 이건 일종의 화학반응인 셈이다. 우리가 스튜디오 세션에서 손을 잡으면 그 자리에서 바로 한두 곡의 노래를 만들어낼 수 있을 정도다.

내가 드레를 재기시켰다고 말할 수는 없다. 그는 한 번도 이 판을 떠난 적이 없으니까. 지난 앨범의 'Phone Tap'이나 'The Firm'은 정말 탁월했다. 나도 그 맛을 되살리고 싶다. 드레는 근본적으로 내 인생을 구원해주었다. 난 더 이상 설 곳이 없었다. 그런데 드레가 날 데려가 많은 걸 가르쳐주었다. 단순히 랩만 가르쳐준 게 아니라 사업 수완에 대해서도 많은 걸 가르쳐주었다. 그 맛을 되살리기 위해 내가 할 수 있는 게 무엇이건, 난 지금 그와 함께 있다. 우리에겐 일을 제대로 성사시킬 수 있는 교감이 있으니 아무리 오래 걸린다 해도 반드시 해낼 것이다.

나는 거의 처음부터 ([Dr Dre 2001] 앨범 작업에) 참여했다. 스태프의 일원으로서 아이디어를 내놓고 라임을 쓰는 등 멋진 앨범을 만들기 위해 내가 할 수 있는 건 다 했다. 그 앨범은 최고 중에서도 최고다. 의심할 여지가 없는 진정한 클래식이다. 그 앨범은 내 앨범보다 더 멋지다. 사실이다. 정말 끝내준다. 더 이상 자세히 말하고 싶지 않다. 사람들이 (그 앨범을 듣고 : 역자) 놀랬으면 좋겠다. 그때 뒤에 가서 넌지시 "내가 말했잖아!"라고 말하고 싶다.

드레가 없었다면 난 1997년쯤 다 때려치웠을 것이다. 내 딸도 문제였다. 딸아이에게 기저귀 사줄 돈도 없었으니까. 일자리도 없었고 고등학교 졸업장도 없었다. 어디에도 내가 설 자리는 없었다. 한계점에 이르러 너무나 절망한 나머지 약을 하고 만신창이가 되었다. 그러니 "드레가 내 인생을 구원해주었다"는 건 말 그대로 그가 날 살려주었다는 뜻이다. 난 그에게 진 빚이 많다.

드레가 내 음악에 적극적으로 참여할 때 짊어졌던 짐이 ([The Eminem Show]로) 좀 덜어졌기를 바란다. 그는 내가 원하는 대로 할 수 있도록 해준다. 내가 하는 것 중에 괜찮은 건 하나도 없다. 내가 만들어내는 게 끝내주지 않으면 드레는 어김없이 지적해준다. 그의 솔직함은 내가 가장 감사하게 여기는 그의 미덕 중 하나다.

난 어떤 상태에서도 시작할 수 있다. 그들이 선율을 먼저 만들어낼 때도 있고 내가 먼저 라임을 시작할 때도 있다. 드레는 어디에 라임을 배치해야 할지 아는 최고의 비전을 갖추고 있다.

미래

The Future

나에게 중요한 건 인정을 받는 것이다. 나는 나를 믿지 못하는 세상과 사람들에게 내가 할 수 있다는 걸 보여주고 싶었다. 지금 난 그렇게 하고 있고 내 주장을 증명해 보이고 있다. 랩 음악이 싫증나는 날까지 나는 내 주장을 계속해서 증명해 보일 것이다. (랩음악을 : 역자) 영원히 하지는 못할 것이다. 이 점에 대해 여러분들은 여든일곱 개쯤 되는 질문을 퍼붓고 싶을지 모르지만 내가 보기엔 당신들은 영원히 질문을 해댈 사람들이다. 난 영원히 랩을 할 수는 없다.

내 딸이 한창 무럭무럭 자라던 때가 그립다. 하지만 난 그 아이가 자라는 걸 보고 싶지 않다. '내가 진정 원하는 게 이걸까?'라고 생각하게 되는 시점이 있을 텐데, 그때 적정선을 찾아내지 못한다면 뭔가를 선택해야 할 것이다. 그러나 당장 내일 무슨 일이 일어날지 모른다. 안 그런가? 그러니까 다음번 앨범에서 무슨 일이 일어날지 봐야 하고, 그런 후에 결정을 내려야 한다. 지금 당장은 할 수 없다.

5년 후쯤 어디에 있을 것 같냐고? 음… 5년 후에도 스물여덟 살이면 좋겠다. 5년 후에 내가 원하는 건… 나도 모른다. 그때도 랩을 하면 좋겠다. 이 일을 계속해서 하고 있으면 좋겠다. 할 수 있는 한 오랫동안 하고 싶다. 더 이상은 못하겠다 싶은 날까지 하고 싶다는 뜻이다. 더 이상 할 수 없을 때는 머리 속에서 더 이상 할 수 없다는 신호가 올 것이다. 진심으로 생각해봐도 내가 퇴물이 되었다고 느껴지거나 더 이상 못해먹겠다고 생각되면 그 즉시 그만둘 것이다. 많은 아티스트들이 퇴락한 후에도 계속 해보려고 애를 쓰면서 포기를 안 하는데, 난 그런 사람들처럼 되고 싶지 않다. 아니라는 생각이 드는 즉시 그만둘 거다.

나에게 아직도 하고 싶은 말들이 무궁무진하다. 다음번 앨범을 기다려라. 아직 녹음을 시작할 생각도 안 하고 있지만, 써먹지 못할 방법은 하나도 없는 법이다.

영화 출연 제의를 몇 번 받은 적 있다. 음악을 멀리하고 싶지 않기 때문에 아직까지 한 편도 수락하지 않았다. 난 벌써부터 미친 것처럼 바쁘다. 투어에, 새 앨범 작업에, 인터뷰에…. 지나치게 바빠지는 건 싫다. 벌써부터 며칠째 가족을 보지 못하고 있다.

내 삶과 경험에 기반을 둔 영화를 찍고 싶다. 나와 드레는 내 경험

담뿐만 아니라 70년대의 'Saturday Night Fever'와 80년대의 'Purple Rain' 같은 아이디어를 영화로 옮기는 작업을 해오고 있다. 힙합과 90년대의 좌절한 문화와 2000년대에 관한 영화라고나 할까.

영화 속에서 벌어지는 모든 것이 그대로 나에게도 일어나는 일은 아니다. 마찬가지로 나에게 일어났던 일들 중 어떤 것들은 영화에 등장하지 않을 것이다. 그런 건 비밀로 남겨둘 것 같다.

내 능력이 허락하는 한 계속해서 레코드를 만들고 싶지만, 랩의 세계에서 내가 얼마나 오랫동안 진지하게 받아들여질 수 있을지 모르겠다. 이해할 수 없겠지만 나이의 한계라는 것도 있다. 결국엔 프로듀싱 쪽으로 옮겨야 하지 않을까 싶다.

어떤 식으로든 계속되는 하나의 흐름에 나를 맡길 것이다. 얼마나 오래 지속될지는 나도 알 수 없다. 앨범을 발표했을 때 어느 누구도 좋아하지 않을 수 있다. 여전히 앨범을 만들어내고 있지만 영원히 랩을 하고 싶지는 않다. 더 이상 할 수 없을 때까지 계속해서 할 뿐이다.

훗날 난 한 걸음 물러나 레이블을 운영하거나 드레처럼 프로듀싱 일을 하게 될 것이다. 내가 내 음악을 프로듀스한다는 걸 모르는 사람들이 많다. 난 멜로디와 어레인지 작업을 한 후에 라임을 쓴다. 악기를 연주할 줄 모르

기 때문에 내 머리 속에 있는 놈들을 시켜서 멜로디를 연주하게 한다.

하고 싶은 일들이 정말 많다. 프로듀싱 일도 하고 싶고 연기도 해보고 싶다. 모든 걸 다 해보고 싶다. 몇몇 포르노 영화에도 주연으로 출연할 예정이다. 하지만 뒤룩뒤룩 살찐 싸구려 창녀들하고만 섹스를 할 거다. 영화 제목을 '뚱보 창녀들Fat Whores'이라고 지을 건데, 뚱뚱한 창녀들에게 색다른 볼륨감을 선사할 것이다.

'셰이디 레코드Shady Records'라는 레이블 사업을 시작할 것이다. 지금 내가 기대하고 있는 MC는 프루프다. 그는 현재 나와 투어를 하면서 내 홍보를 맡고 있다. 비자아 키드Bizarre Kid 역시 디트로이트 출신의 MC다. 좀 편파적으로 들릴지 모르겠지만, 난 디트로이트를 (힙합 문화의) 지형도에 자리매김하기 위해 동분서주하고 있다. 그렇다고 디트로이트 MC들만으로 채우지는 않을 것이다. 다른 동네 출신이라 해도 실력이 좋은 MC를 만나면 그들을 내 레이블에 영입할 것이다. 하지만 디트로이트가 지난 수년 동안 고군분투해왔다는 것만은 분명하다.

인터스코프와 함께 최근 '셰이디 레코드'를 출범시켰다. 최초로 계약한 아티스트는 내가 몸담고 있는 '디 트웰브'다. (셰이디 레코드에는) 현재 여섯 명의 소속 MC가 있고 그들은 모두 두 개의 아이덴티티(예명)를 가지고 있다. 에미넴과 슬림 셰이디랑 비슷하지만 완전히 같다고는 할 수 없다. 신랄한 라임을 하고 있다는 점에서는 비슷하지

만 그들 쪽이 좀더 거칠다. 그런 걸 언더그라운드라고 말하고 싶지는 않다. 사람들은 히트치지 못할 것 같은 걸 가지고 언더그라운드라고 말하는데, 내 생각에 디 트웰브는 히트칠 조건을 갖추고 있다.

말 그대로 험악하다. 내 음악은 좀 냉소적이고 정치적인 반면에 '더티 더즌'은 다소 범죄적인 음악이라 할 수 있다. 그들의 음악엔 내 음악보다 더 많은 총질과 칼질이 난무한다. 여러분들이 내 말을 어디까지 믿을지 모르겠지만.

랩 게임에서 은퇴할 때 난 내가 최고였다는 평가를 받기를 기대하지 않는다. 그저 인정받을 수 있기를 바란다.

랩 커리어를 아주 오랫동안 밀고 나갈 수 있으면 좋겠다. 하지만 그렇게 되지 못한다면 옛 시절로 돌아가 접시나 닦을 거다.

그러니까 당신들 말은 이런 거지? 앨범도 많이 팔고 돈도 많이 벌고 유명해졌으니 이쯤 해서 만족해야 한다고? 그렇지 않다. 현재의 문제는 돈이 아니다. 음악이 문제다. 내가 1억만 장의 앨범을 팔아 전세계 돈을 다 긁어모은다 해도 내가 진정 사랑하는 건 여전히 내가 하는 일이다. 난 그만두지 않을 거다. 왜냐하면… 이렇게 말하자. 난 돈 때문에 이 일에 뛰어든 게 아니다. 이 점에 대해선 처음부터 말했고, 죽을 때까지도 그렇게 말할 거다. 아무리 돈이 많다 해도, 내가 이 업계에서 성공을 하든 처참하게 실패하든 상관없이 난 내 일 하기를 좋아할 것이다. 거대한 스튜디오에서 녹음하든 8트랙짜리 데모를 만들든 상관없이 난 내 음악을 사랑할 것이다. 그것이야말로 내가 가장 사랑하는 일이다.

목표를 이루기 위해 고군분투하지만, 목표를 이루는 것만큼이나 어려운 것은 이룩한 목표를 유지하는 것이다. 난 긴장을 풀고 일을 멈출 수 있다고 생각한 적이 한 번도 없다. 내가 절대 해낼 수 없을 거라고 떠들어댔던 사람들을 계속 비웃어주려면 더욱더 노력해야 한다. 그래서 그들에게 "자, 내가 해낸 걸 한번 보시지!"라고 말해주고 싶다.

옮긴이 **최서희**

한국 문화 평론집 『발칙한 한국학』(공역)과 한국인 입양아 『커밍홈』, 에미넴 자서전 Angry Blonde를 번역했다. 패션 문화 잡지 한국판 GQ의 가사를 번역하고 있다. 그녀는 Weiv, 문화 웹진 컬티즌, GQ 등에 대중음악 및 문화 컬럼을 기고하는 대중음악 칼럼니스트이다.

에미넴의 고백

엮은이 | 척 와이너
옮긴이 | 최세희
펴낸곳 | 나무이야기
펴낸이 | 엄민영

초판 1쇄 인쇄 | 2012년 6월 14일
초판 1쇄 발행 | 2012년 6월 14일
주   소 | 서울시 마포구 서교동 377-13 성은빌딩 102호
전   화 | 02-337-7279
팩   스 | 02-337-7230
Email | nspub@naver.com

ISBN 978-89-90976-13-0